10대 이슈톡 ❶

이 뉴스 믿지 마세요!

가짜 뉴스를 거르는 신박한 기술

10대 이슈톡_01

이 뉴스 믿지 마세요!

초판 1쇄 발행 2021년 10월 15일 **초판 2쇄 발행** 2023년 1월 16일

지은이 김진이
펴낸곳 글라이더 **펴낸이** 박정화
편집 한나래 **디자인** 김유진 **마케팅** 임호

등록 2012년 3월 28일 (제2012-000066호)
주소 경기도 고양시 덕양구 화중로 130번길 14(아성프라자)
전화 070) 4685-5799 **팩스** 0303) 0949-5799
전자우편 gliderbooks@hanmail.net **블로그** https://blog.naver.com/gliderbook
ISBN 979-11-7041-087-4 (43300)

글라이더는 독자 여러분의 참신한 아이디어와 원고를 설레는 마음으로 기다리고 있습니다.
gliderbooks@hanmail.net으로 기획의도와 개요를 보내 주세요. 꿈은 이루어집니다.

10대 이슈톡 **①**

이 뉴스 믿지 마세요!

가짜 뉴스를 거르는 신박한 기술

김진이 지음

글라이더

나는 사이버 수사대?

나는 영어 교사다. 부끄럽지만 영어 교사로서 나의 사명은 '학생들에게 영어를 잘 가르쳐 그동안 내가 살아온 코스대로 살게끔 도와주는 것'이라고 생각했다. 발령받고 몇 개월간은 말이다. 첫 담임을 맡고 두루 친해지고자 단체 채팅방을 개설했는데, 단 며칠 만에 단체 채팅방에서 싸움이 벌어졌다. 정말 사소한 일 때문이었다. 누군가가 툭 던진 뾰족한 말이 화근이 되어 서로를 욕하기 시작한 것이다. 단순히 욕뿐만 아니라 서로의 부모님을 흥보는 말까지 거리낌 없이 내뱉기에 이르렀다. 폭탄이 터질 것만 같은 그 일촉즉발의 상황에서 나는 아이들의 화를 열심히 가라앉히기에 바빴다. 이런 일이 밤낮 없이, 새벽에도 불쑥 터졌다. 결국, 단체 채팅방에 문제가 있다고 판단하고 잠정 폐쇄해버렸다. 그때까지만 해도 이런 문제가 불거진 건, 단체 채팅방을 제대로 운영하지 못한 나의 미숙함 탓이라고 생각했다.

그러나 학교 현장에서 생활한 지 몇 개월 만에 새로운 사실을 깨달았다. 요즘 청소년들은 얼굴을 직접 마주 한 채 누구 목소리가 더 큰지 대결하면서 싸우지 않는다는 것을. 채팅방이나 SNS, 심지어 자신의 프로필 메시지를 동원해서 서로를 비난하고, 교묘하게 비하하며, 없는 사실을 만들어내고, 은근히 따돌리면서 괴롭힌다는 것을. 이렇게 소음 하나 없이 조용한 전쟁은 몇 주가 멀다 하고 끊임없이 발생했다.

어느 순간, 나는 영어 교사가 아니라 사이버 수사대가 되어 있었다. 온라인상에서 아이들이 주고받은 내용을 읽다 보면, '지금 내가 이 아이들에게 영어를 잘 가르치는 게 무슨 의미가 있단 말인가'라는 생각이 절로 들었다. 학생들이 이 상황의 문제점을 깨닫지 못한 채 미래에 우리 사회의 구성원이 된다면, 우리 사회는 과연 어떤 모습이 될까? 생각만으로도 너무나 가슴 아픈 일이었다.

꽤 많은 청소년이 스마트폰과 인터넷을 '잘못' 사용하고 있다.

이 문제로 학부모님과 상담을 하면 항상 들려오는 답변은 비슷하다.

'아이가 스마트폰을 너무 오래 붙잡지 않도록 하루에 2시간만 사용하게 하고 있습니다', '아이가 해야 할 숙제를 다 하면 그에 대한 보상으로 스마트폰을 사용할 수 있게 합니다.'

자라나는 청소년을 키우는 학부모나 자녀에게 생애 첫 스마트폰을 선물할 학부모라면 반드시 이 사실을 기억해야 한다. 아이들은 스마트폰과 인터넷을 '올바르게 사용하는 방법'을 배운 적이 없다는 사실을 말이다. 단순히 사용시간을 줄인다고 해서 그것을 바람직하게 사용하는 것이 아니다. 이때부터 학생들에게 '미디어를 올바르게 사용하는 방법'부터 가르쳐야 한다는 생각을 끊임없이 하기 시작했다.

그렇다면 비단 청소년의 문제일까?

부끄럽게도 온라인상에서 서로를 헐뜯으며 상처를 주고받는 이 행태는 성인들이 먼저였다. 인터넷 기사의 악플을 비롯해서 외모 비하, 차별적 발언, 루머 퍼트리기 등, ICT 기술의 발전과 더불어 한껏 우리의 일상생활에 밀접해진 미디어가 의사소통의 편리함을 제공해주는 것을 넘어, 시간과 장소의 구애 없이 서로를 공격하는 창구로 변질되었다. 설상가상으로, 도무지 진짜인지 가짜인지 알 길이 없는 온갖 가짜뉴스들이 폭포수처럼 쏟아져 나오면서 국제 사회를 더욱 혼란 속으로 몰아넣고 있다. 청소년들에게 좋은 본보기가 되어야 할 우리가 온라인상에서는 완벽하게 그릇된 본보기가 된 것이다. 어쩌면 성인인 우리 또한 '미디어를 올바르게 사용하는 방법'을 모르는 것은 아닐까?

미래핵심역량, 미디어 리터러시

4차 산업혁명과 함께 우리는 한 치 앞도 예측할 수 없는 빠른 변화의 시대에 살고 있다. 이 변화 속에 우리 청소년들이 미래사회를 이끌어 갈 훌륭한 사람으로 거듭나기 위해 반드시 갖추어야 할 역량들이 있다. 2015 개정 교육과정은 그 핵심역량을 여섯 가지로 제시하고 있다. 자기관리 역량, 심미적 감성 역량, 의사소통 역량, 공동체 역량, 창의적 사고 역량, 그리고 지식정보처리 역량이 그것이다. 이 중, 지식정보처리 역량이란 '문제를 해결하기 위해 다양한 영역의 지식과 정보를 처리하고 활용할 수 있는 능력'이라 정의한다. 옳은 말이다. 학생들이 다양한 지식과 정보를 적절하게 활용할 줄 아는 것은 중요하다. 그런데 오늘날, 학생들이 주로 무엇을 활용하여 다양한 지식과 정보를 수집할까? 바로, 인터넷이다. 결국, 정보의 바다인 인터넷에서 '적절한' 정보를 골라 낼 수 있는 능력, 바로 '미디어 리터러시'가 필요한 것이다.

미디어 리터러시는 수많은 정보 중에 올바른 것을 골라내는 능력만을 의미하지 않는다. 미디어가 가진 특성을 고루 파악하고, 이를 바탕으로 미디어 콘텐츠를 비판적으로 바라보며 자신 또한 올바르게 미디어를 제작, 활용하는 능력까지 아우른다. 학교 현장에서 교사로서 우리 학생들이 그 무엇보다도 필히 갖추었으면 하는 능력이 바로 미디어 리터러시 역량이다. 오늘날의 청소년은 '디지털 네이티브'라 불릴 만큼 아주 어렸을 때부터 자연스럽고 당연하게 수많은 디지털 환경과 다양한 미디어 매체에 노출되어 있다. 그들이 올바른 미디어 리터러시 역량을 갖추지 않은 채 무방비 상태로 미디어 플랫폼의 세계에 발을 들인다면, 가짜뉴스와 악플의 굴레에서 벗어날 수 없을 것이다. 물론, 성인들도 예외는 아니다. 이토록 미디어 리터러시는 미래핵심역량이다.

사명감으로 시작한 도전

이와 같은 사명감으로 이 글을 탄생시켰다. 이 글을 통해, 인간의 위대한 발명품인 스마트폰과 인터넷, 그리고 미디어의 특성에 대해 정확하게 이해하고, 이를 바탕으로 올바른 미디어 리터러시 역량을 갖출 필요성을 느끼길 바란다. 물론 미디어 리터러시 역량은 글로 배울 수 없다. 미디어 이용자인 우리가 직접 경험하고 깨달으면서 키워나가야 하는 것이다. 다만 이 글을 통해 그 방법에 대한 힌트를 얻고, 일상생활 속에서 다양한 미디어 매체를 접할 때 조금 더 예리한 시선과 입장으로 바라보고 판단할 수 있는 시각을 키워낼 수 있길 바란다.

오로지 사명감과 열정만 가지고 뛰어든 나를 끝까지 믿고 좋은 책 만들어주시겠다며 이끌어주신 글라이더 박정화 대표님, 첨단기술에 대한 배경지식 부족으로 괴로워하던 영어 교사를 도와주신 조남중학교 류태현 정보과학부장님, 그리고 곁에서 계속 응원해준 우리 가족과 사랑하는 똥개에게 무한한 감사의 마음을 전하고 싶다.

2021년 9월
김진이

차례

2장 바야흐로 뉴미디어 시대

5장 청정 미디어를 위한 백신, 미디어 리터러시

뉴스를 믿지 말라고요?

1
지구촌을 뒤흔든
가짜뉴스

가짜뉴스 전쟁의 서막,
2016년 미국 대선

　미국의 대통령 선거는 언제나 전 세계를 들썩이게 합니다. 그도 그럴 것이, 미국은 세계 초강대국이기 때문입니다. 그런데 지난 2016년 미국 대선에는 누구도 예상치 못한 의외의 말썽꾼이 기승을 부렸습니다. 그 말썽꾼은 바로 인터넷과 SNS에서 폭발적으로 확산된 '가짜뉴스'였습니다. "뉴스가 가끔은 잘못 보도될 수도 있지."라고 생각하면 큰 오산입니다. 시시각각 미국 대선을 쥐락펴락 들었다 놨다 한 가짜뉴스, 함께 살펴볼까요?

도널드 트럼프와 힐러리 클린턴은 2016년 미국 대선 후보로 등장해 마지막까지 아주 팽팽한 접전을 벌였습니다. 선거 당일까지도 그 결과를 전혀 예측할 수 없었지요. 강대국 미국의 대통령을 선출하는 것이기에 세계인의 이목이 집중되어 있었습니다. 아니나 다를까, 방송사와 언론사뿐 아니라 트위터와 페이스북 같은 SNS에서도 두 후보에 대한 소식이 시시각각 업데이트되었습니다. SNS에 게시되는 두 후보에 대한 글은 그들의 지지율에 아주 큰 영향을 미치는 '치명적 정보'였습니다.

　예를 들면, '힐러리 클린턴이 아동 성매매를 하고 있다, IS(이슬람 수니파 무장단체)에 비밀리에 무기를 판매했다', '프란치스코 교황이 도널드 트럼프 후보를 지지하고 있다'는 가짜뉴스를 접한 유권자가 여러분이라면 어떤 후보를 지지하시겠어요? 앞에서 언급한 세 가지 뉴스는 누가 봐도 힐러리 클린턴 후보에게 매우 불리한 정보 아닌가요? 그렇다면 도널드 트럼프 후보의 지지율이 높아지는 것은 당연지사라 할 수 있겠군요.

　그런데 위에서 언급한 세 가지 뉴스는 전부 '거짓'이었습니다. 가짜뉴스였던 셈이죠. 하지만 가짜뉴스는 이뿐만이 아니었습니다. 대선이 다가오기 몇 개월 전부터 페이스북, 트위터, 블로그 등에 두 후보에 대한 가짜뉴스가 쏟아져 나온 것입니다. 가짜뉴스의 장은 대형 SNS만이 아니었습니다. 2016년 미국 대선 기간 중

활동한 가짜뉴스 사이트는 200여 개에 육박했다고 합니다. 미국 인터넷 뉴스 매체 버즈피드(BuzzFeed)의 분석에 따르면, 대선 막판이 되자 SNS상에서는 진짜 뉴스보다 오히려 가짜뉴스가 더 많은 관심과 주목을 받았던 것으로 나타났습니다.

〈뉴욕타임스〉나 〈워싱턴포스트〉 등 언론 매체가 올린 진짜 뉴스의 댓글이 736만 건이었던 반면, 페이스북 등 SNS에 올라온 가짜뉴스에 대한 공유, 반응, 댓글 수는 871만 1,000건이었다고 합니다. 한마디로 진짜 뉴스보다 가짜뉴스가 인기가 더 좋았던 것이죠.

스마트폰으로 쉽게 접하는 가짜뉴스

'코로나19'만큼 무서운 바이러스, 가짜뉴스

여러분도 잘 알다시피, 2019년 말에 처음 등장한 신종 코로나바이러스 '코로나19'는 엄청난 속도로 퍼져 전 세계를 팬데믹(Pandemic, 전염병이 전 세계적으로 대유행하는 상태)의 늪에 빠트렸습니다. 신종 바이러스인 만큼 코로나19에 대한 지식과 대처 방법 등에 대한 정보가 매우 부족한 상황에서, 전 세계 사람들을 더욱 큰 공포로 몰아넣은 것은 다름 아닌 가짜뉴스였습니다.

코로나19가 본격적으로 기승을 부리기 시작한 2020년, 치료제가 개발되지 못하고 몇 개월이 흐르는 동안 인터넷과 SNS에는 코로나19에 대한 각종 가짜뉴스가 폭포수처럼 터져나왔습니다. 초기에는 코로나19 감염 증상에 대한 가짜뉴스가 속속 등장했습니다. 코로나19에 감염된 사람이 공포스러운 발작을 일으키다 실려갔다는 가짜뉴스를 비롯해, 갑자기 누군가가 피를 토하며 쓰러졌다는 무시무시한 소식이 실시간으로 확산되었습니다.

심지어 코로나19를 콘텐츠 삼아 자극적인 영상을 촬영해 구독자 수를 올리고 수익을 올리려는 유튜버들이 등장했습니다. 한 유튜버가 사람 많은 기차역에서 코로나19 확진자를 추격해 잡는 상황극을 촬영하여 올린 것입니다. 확진자로 가장한 두 명과 방진복을 입고 이들을 뒤쫓은 두 명은 일행이었으며, 이 모든 것은 거짓 설정이었습니다. 그들은 사회로부터 비난을 받자 "코로나19의 위험성을 널리 알리고 싶었다."라고 해명했는데요, 그 말이 납득될 리는 없었습니다. 결국 그들은 경범죄 처벌법 및 업무방해 혐의로 경찰에 불구속 입건되었습니다.

이뿐만이 아닙니다. 또 다른 유튜버는 지하철에서 자신이 중국 우한(당시 감염자가 급격히 확산하던 지역)에서 왔으며 코로나19 감염자라고 소리치며 마구 기침하는 장면을 촬영하였습니다. 물론 그의 말은 거짓이었습니다. 만약 여러분이 그 현장에 있었다면 얼마나 공포스러웠을지 상상이 되나요?

이렇듯 코로나19를 돈벌이로 삼는 사람들에 대한 처벌이 강화되어 이후로는 조금 잠잠해졌지만, 그 뒤를 이어 코로나19 예방법에 대한 가짜뉴스가 등장했습니다. 햇볕을 많이 쬐거나 마늘을 먹거나 뜨거운 물을 많이 마시면 감염되지 않는다는 각종 민간요법이 떠돌면서 사람들을 혼란에 빠트리기도 했습니다. 비타민C를 많이 섭취하면 코로나19에 감염되지 않는다는 말도 떠돌았습니다.(사실 저도 이때부터 비타민C를 챙겨 먹게 되었습니다.) 하지만 비타민C를 많이 섭취하면 코로나19에 감염되지 않는다는 것은 아직 검증되지 않은 가짜뉴스입니다. 물론 비타민C 섭취가 면역력을 강화하는 효과를 보이는 것은 확실하지만 말이죠. 이렇게 인터넷과 SNS를 통해 검증되지 않은 수많은 정보가 떠돌며 사람들을 혼란에 빠트리는 것을 '인포데믹(infodemic)'이라 부릅니다. 이는 '정보'를 뜻하는 'information'과 '유행병'을 뜻하는 'epidemic'의 합성어로, 잘못된 정보가 유행처럼 퍼져나가 되려 사람들을 혼란스럽게 만드는 현상을 의미합니다. 이러한 인포데믹 현상을 더욱 빠르게 퍼트리고 부추기는 것은 무엇일까요? 우리 일상에서 떼어놓을 수 없는 것, 바로 인터넷과 SNS가 번뜩 떠오르지 않나요?

토론거리_1

우리 사회에 혼란을 일으켰던 가짜뉴스를 조사하여 함께 공유해봅시다. 여러분이 찾아낸 가짜뉴스의 공통된 특징은 무엇인가요?

2
역사 속
가짜뉴스

가짜뉴스는 비단 우리가 사는 이 시대에만 등장한 것이 아닙니다. 인류의 긴 역사에 가짜뉴스는 언제나 존재해 왔으며, 크고 작은 역사의 전환점을 만들기도 했답니다. 뉴미디어 시대 속 가짜뉴스의 문제점을 살펴보기에 앞서, 잠시 과거로 거슬러 가봅시다. 가짜뉴스, 이 녀석이 얼마나 길고 질긴 역사를 가진 녀석인지 알 수 있을 겁니다.

"그들이 도착하려면 아직 멀었어요"

이집트의 파라오 람세스 2세 시대에 벌어진 카데시 전투에는 재미난 일화가 하나 있습니다. 전투가 오로지 무력 싸움만이 아니란 것을 알게 하는 일화지요. 기원전 1275년경, 람세스 2세는 히타이트군을 무찌르고 카데시 지역을 점령하기 위해 전투에 나서게 됩니다. 카데시를 향해 접근하던 중, 람세스 대군은 우연히 베두인 지역 사람 둘을 만나게 되는데, 그들은 히타이트군이 카데시 지역까지 도착하려면 200킬로미터가 넘게 남았다는 정보를 알려줍니다. 이 정보를 입수한 람세스 2세는 적군보다 먼저 카데시 지역에 도착하여 그곳을 점령해야겠다는 생각에 행군을 서두르게 됩니다. 람세스 대군은 여러 개의 사단으로 나누어 이동합니다. 그런데 엄청난 반전이 일어납니다. 사실 람세스 2세가 만났던 베두인 사람들은 히타이트군이 보낸 첩자였습니다. 즉 람세스 2세에게 일부러 가짜뉴스를 흘린 것이죠. 적은 인원으로 나뉜 람세스 2세의 사단이 가장 앞장서서 목적지에 도달할 때쯤 히타이트의 대군은 이미 그곳에서 그들을 기다리고 있었습니다.

다행히도(다행이라 말하기도 그렇지만) 전투 직전에 람세스 2세는 가짜뉴스에 속았다는 사실을 알아챘지만, 이미 그의 병력이 여러 사단으로 흩어져버린 뒤라 매우 불리한 상황에 처해버리고 맙니다. 그런데 의외로 전투는 쉽사리 끝나지 않았습니다. 여러 기록과 추측에 따르면 전투 중에 이집트의 구원군이 투입되어 계속 접전을 벌이다가 평화조약과 함께 끝이 난 것으로 보입니다. 만약 람세스 2세가 카데시 지역으로 향하던 도중 가짜뉴스를 접하지 않았다면 역사는 어떻게 달라졌을까요? 그리고 여기서 재미난 사실이 한 가지 더 있습니다. 이집트와 히타이트 제국의 몇몇 기록을 보면, 각자 자국이 승리하였다고 주장한다는 점입니다. 과연 이 중 어느 것이 가짜뉴스일까요?

나뭇잎에 새겨진 글씨

우리나라에도 세상을 뒤집은 가짜뉴스가 있습니다. 조선 11대 임금 중종 때 일어난 일입니다. 연산군을 몰아내는 반정으로 왕위에 오르게 된 중종은, 반정을 도운 세력의 견제 때문에 왕권을 강화하기가 어려웠습니다. 반정으로 왕위에 앉힌 건 고마울 일일지 모르지만, 그것을 빌미로 사사건건 큰 목소리를 내며 간섭하는 것은 마냥 반갑지만은 않았을 테지요. 마침내 중종은 반정 공신들을 견제하고 왕권을 강화하며 개혁을 이끌 인재로 '조광조'를 등용하게 됩니다.

조광조는 등용과 동시에 중종의 총애와 지지를 받으며 여러 가지 개혁을 시도합니다. 게다가 그는 반정 공신으로 선정된 신하의 반 이상이 공신 자격이 없으므로 그들의 권리와 자격을 박탈해야 한다며 '위훈 삭제'를 주장합니다. 이로 인해 수많은 반정 공신이 노비와 재산을 빼앗기고 공신록에서 삭제되어 큰 타격을 입습니다.

반정 공신과 훈구파에게 조광조는 하루빨리 제거해야 할 눈엣가시 같은 존재였습니다. 그래서 중종에게 조광조의 세력이 커지는 것을 경계하고 그가 역모를 꾸미고 있을지도 모르니 매우 조심해야 한다고 고변합니다. 마침 조광조의 강력한 개혁에 슬슬 부담을 느끼던 중종은 훈구파의 설득에 살짝 위기감을 느끼게 됩니다. 하지만 여전히 조광조를 제거할 명분은 부족했지요. 이에 훈구파는 궁리 끝에 '이것'을 이용해서 그를 완벽하게 몰아내게 됩니다. '이것'은 과연 무엇이었을까요?

흥미롭게도 '이것'은 바로 가짜뉴스였습니다. 궁궐에 떨어진 나뭇잎 한 장에 '주초위왕(走肖爲王, 조 씨가 왕이 된다는 뜻)'이라는 글씨를 꿀로 쓴 뒤, 벌레들이 갉아먹도록 한 것입니다. 이 의미심장한 문구가 새겨진 나뭇잎을 발견한 중종은 당연히 소스라치게 놀랍니다. '조' 씨라면 조광조를 의미하는 것일 테니까요. 결국 이 가짜뉴스로 왕위에 위협을 느낀 중종은 벌을 내리라는 훈구파의 상소를 받아들여 조광조를 유배형에 처합니다.

임금의 총애를 받다가 하루아침에 귀양살이를 하게 된 조광조는 끝까지 중종을 믿고 다시 불러주기를 기다렸습니다. 수많은 성균관 유생이 그의 무죄를 주장하며 시위를 벌였지만, 결국 조광조는 유배 한 달 만에 사약을 받게 됩니다. 나뭇잎 한 장에 새겨진 가짜뉴스 하나로 유명을 달리하게 된 조광조는 사약을 받으며 다음과 같은 유언을 남겼다고 합니다. "임금을 어버이처럼 사랑하고, 나라 걱정을 내 집 걱정하듯이 하였노라." 왕이 되려고 역모를 꾀한다는 누명을 쓴 조광조의 억울함이 절절히 느껴집니다. '주초위왕'이라는 가짜뉴스는 조광조의 운명만 바꾼 것이 아닙니다. 조광조의 위훈 삭제로 반정 공신에서 제외된 자들이 빼앗겼던 재산을 되돌려 받고 조광조를 비롯한 사림파는 대거 숙청됩니다. 이 사건을 '기묘사화'라고 부릅니다. '주초위왕'이라는 가짜뉴스가 없었다면, 조선의 역사는 어떻게 바뀌었을까요?

5·18민주화운동 속 울분의 가짜뉴스

5·18민주화운동은 우리나라의 현대사에서 가장 유의미하고도 비극적인 사건입니다. 5·18민주화운동은 전두환이 12·12사태로 쿠데타를 일으켜 민주주의를 억압하려 하자, 이에 저항하는 과정에서 피어오른 항쟁인데요. 전두환이 계엄령을 선포하며 독재를 강화하고 국민의 자유를 억압하는 것에 항거해 1980년 5월 18일을 전후로 수많은 청년이 시위에 나섰습니다. 특히 광주의 전남대학교와 조선대학교 학생들을 중심으로 많은 젊은이가

항쟁을 주도합니다. 신군부는 그들을 억압하기 위해 공수부대를 투입하여 무력 진압을 강행했고요. 이 과정에서 무차별적 폭행, 구타, 총격, 연행 등이 이루어지고 이로 인해 수많은 사상자가 발생했습니다.

　국가가 국민을 무력으로 억누르며 공포에 떨게 만든 사실만으로도 너무나 충격적인 사건이 아닐 수 없습니다. 하지만 우리를 더욱 울분에 차게 한 것은, 그 사실을 숨기고 무마하기 위해 시도한 언론 탄압과 가짜뉴스 유포입니다. 당시에는 언론이 정부의 억압과 검열 등 철저한 통제를 받고 있었습니다. 신문과 뉴스가 정부에 반하는 보도를 했다가는 쥐도 새도 모르게 끌려가서 고문을 당하던 시절이었지요. 그래서 당시 뉴스에서는 "광주 사태는 불순분자 및 간첩들의 파괴, 방화, 선동에 기인한 것이다."라며 '광주 지역의 빨갱이들이 난동을 일으킨 사태'라고 보도되었습니다. 이 뉴스를 본 다른 지역의 국민은 광주에서 무슨 비극이 일어났는지 알 길이 없었습니다. 전국에서 오로지 광주만 철저히 고립된 채 진실이 감춰진 상황이었습니다. 이 항거를 진압하기 위해 군부가 어떤 만행을 저질렀는지 다른 지역 주민들은 전혀 알 수 없었지요.

　지난 2017년에 개봉된 영화 〈택시운전사〉는 5·18민주화운동의 진실을 보도하기 위해 항거 현장에 뛰어든 외신기자의 이야기를 다루고 있습니다. 당시 우리나라 언론은 정권의 통제로 입막음을 당했지만, 용기 있는 외신기자가 5·18민주화운동의 현장에 뛰어들어 전 세계에 진실을 보도한 것입니다. 당시 외신 보도 자료는 광주에서 일어난 비극을 모두에게 알리고 오늘날 우리에게 진실을 알린 매우 소중한 자료가 되었습니다.

영화 〈택시운전사〉, 2017

우리는 이 역사적 사건을 통해, 가짜뉴스가 단순히 거짓인 뉴스가 아니라 시민의 '알 권리'와 자유를 억압하는 장치로도 사용될 수 있다는 것을 명백히 알 수 있습니다. 인류의 긴 역사를 되돌아보면, 국민을 속이기 위해서, 또는 자신의 권력을 유지하려고 일부러 가짜뉴스를 만들어 전파하는 행위는 꾸준히 이어져 왔습니다. 이러한 가짜뉴스가 유독 오늘날 국제적 문젯거리로 떠오르는 이유는 무엇일까요? 우리 생활과 어떤 연관성이 있을까요?

토론거리_2

5·18민주화운동이 일어나던 때에 우리나라 언론이 어떠한 뉴스나 기사를 보도했는지 알아봅시다. 국가나 권력이 언론을 통제하고 검열하는 것에는 어떠한 문제가 있을까요?

대화의 수준을 끌어올리는 똑똑이 아이템 1

저널리즘, 숨겨질 뻔한 광주의 진실을 알리다

영화 〈택시운전사〉는 실화를 바탕으로 한 영화로, 주인공은 5·18민주화운동이 일어나던 당시 광주에 뛰어든 독일의 외신기자 '위르겐 힌츠페터'입니다. 광주의 진실을 담아 전 세계에 알리기 위해 위험을 무릅쓰고 혼돈의 현장으로 뛰어든 파란 눈의 사나이, 위르겐 힌츠페터의 이야기를 함께 살펴보며 미디어의 기능과 가치에 대해 깊이 생각해봅시다.

위르겐 힌츠페터

5·18민주화운동이 격렬하게 일어나던 당시에 위르겐 힌츠페터는 일본에서 특파원으로 일하고 있었습니다. 그러다 바다 건너 대한민국의 광주에서 일어난 민주 항쟁의 현장을 직접 취재하기 위해 대한민국으로 건너옵니다. 하지만 생전 처음 대한민국 땅을 밟은 그가 혼자 힘으로 광주를 찾아가기엔 어려움이 있었습니다. 게다가 외신기자가 광주를 취재하러 간다는 사실이 알려지면 군부에서 취재를 막을 것이 분명했습니다. 그래서 한국인 택시 기사의 도움을 받게 되는데, 그가 바로 영화 〈택시운전사〉의 또 다른 주인공 김사복 씨입니다. 위르겐 힌츠페터는 김사복 씨의 택시를 타고 아무도 모르게 광주로 잠입하게 된 것입니다.

당시 외신기자 위르겐 힌츠페터(좌)와 택시기사 김사복 씨(우)
(김승필 씨 제공, 출처: 연합뉴스)

광주에 진입한 위르겐 힌츠페터는 생각보다 처참한 광주의 비극을 마주하게 됩니다. 당시 광주에 있었던 한 여성은 "온 힘을 다해서 죽음의 늪으로부터 빠져나와야 했다."라고 말했습니다. 시위를 탄압하기 위해 무차별적 폭행과 구타, 연행이 이어지고 있었던 것입니다. 위르겐 힌츠페터는 계엄군의 감시를 피해 광주의 모습을 카메라에 담았습니다. 대한민국 광주에서 일어나고 있는 참사를 외국에 널리 알리기 위함이었죠. 당시에 광주를 취재하기 위해 온 외신기자가 몇몇 있었지만, 위르겐 힌츠페터가 가장 빠르게 광주를 취재한 것으로 알려져 있습니다.

그렇게 촬영한 필름은 독일의 공영방송을 통해 전 세계에 방영되었고,

국제 사회가 입을 모아 계엄군의 만행을 비판하며 5·18민주화운동을 지지하고 촉진하는 계기가 되었습니다. 그 후 그는 '죽음의 공포를 무릅쓴 치열한 기자정신으로 한국인의 양심을 깨워 민주화를 앞당겼다.'라는 평과 함께 2003년에 '송건호 언론상'을 수상하였습니다. 영화보다 더욱 영화 같은 실화 아닌가요?

미디어의 가치

우리는 이 이야기를 통해 위르겐 힌츠페터의 치열한 기자정신에 경의를 표하는 동시에, 또 하나의 가치를 배울 수 있습니다. 그것은 바로 '미디어의 가치'입니다. 위르겐 힌츠페터가 위험을 무릅쓰고 카메라에 담은 사진과 동영상은 오늘날 5·18민주화운동의 진실이 담긴 자료로 아주 소중히 다뤄지고 있습니다. 벌써 40년이나 지났지만, 여전히 그 가치가 살아 있는 것이지요. 또 다른 면에서도 미디어의 가치를 알 수 있습니다. 바로 당시 언론 탄압으로 검열되고 삭제된 우리나라의 뉴스와 신문 자료입니다. 광주의 진실, 처참한 현장, 수많은 사상자에 대한 모든 보도는 결코 뉴스와 신문에 실리지 못했지만, 그 일부 자료가 여전히 보관되어 당시 상황을 알 수 있게 해줍니다.

3
가짜뉴스와
뉴미디어의 만남

　가짜뉴스는 단순한 오보, 루머, 소문과 성격이 다릅니다. 가짜뉴스의 가장 큰 특징은 특정한 의도를 가지고 사회에 혼란을 일으키거나 개인의 이득을 취하려는 목적으로 만들어진다는 점입니다. 또 다른 특징은 진짜 뉴스 같은 형태를 가지고 있어, 사람들이 쉽게 속을 수 있다는 점이죠. 그렇다면 가짜뉴스가 오늘날 문젯거리로 떠오른 원인은 무엇일까요? 그것은 바로 뉴미디어의 특징과 함께 생각해볼 수 있습니다.

　논문 〈가짜 뉴스 현황과 문제점〉(2017, 오세욱 · 정세훈 · 박아란)을 참고하여, 뉴미디어가 가짜뉴스 문제에 기름을 붓는 이유를 살펴봅시다.

뉴스가 너무 많아! 도대체 뭘 믿어야 해?

과거에는 신문사나 방송사와 같은 언론 기업이 한정된 양의 뉴스를 만들고 배포하는 역할을 했습니다. 그래서 뉴스 내용이 사실인지를 검증하는 건 그리 어렵지 않았습니다. 하지만 오늘날 뉴미디어가 발달하면서, 뉴스는 더 이상 소수 언론사의 전유물이 아니게 되었습니다. 이제는 익히 잘 아는 주요 언론사 외에도 크고 작은 인터넷 뉴스 사이트가 굉장히 많이 존재합니다. 나아가 뉴스 사이트처럼 보이는 '가짜뉴스 사이트'도 활개를 치고 있지요. 하루 평균 6만 건 이상의 뉴스가 쏟아져 나오는 오늘날의 뉴미디어 환경에서 모든 뉴스의 진위를 가려내는 것은 사실상 불가능하다고 볼 수 있습니다. 그래서 우리는 가짜뉴스가 유통되어도 이를 쉽게 감지하지 못하는 것이죠.

출처가 없어! 어디서 나온 뉴스야?

여러분은 동영상을 직접 제작할 수 있나요? 오늘날에는 간단한 편집기술만 있으면 가짜 정보도 진짜 뉴스처럼 만들어 낼 수 있습니다. 그래서 가짜뉴스를 퍼트려야겠다는 나쁜 마음만 먹는다면, 기사나 뉴스처럼 보이는 형태로 가짜뉴스를 제작하고 전파하는 것이 그리 어려운 일은 아닙니다. 게다가 뉴스 수용자인 대중은 가짜뉴스의 원본을 확인할 길이 없습니다. 그러니 그것을 가짜라고 의심하고 출처나 원본을 찾아볼 가능성은 아주 희박하지요. 이러한 특성이 뉴미디어 시대에 가짜뉴스가 급속도로 생산되어 퍼져나가게 하는 하나의 요인이 되는 것입니다.

신원미상의 작성자, 누가 쓴 기사야?

또 다른 요인은 뉴스의 최초 작성자가 불확실하다는 점입니다. 위에서 언급했듯, 너무나 많은 가짜뉴스가 유통되다 보니 도대체 어느 누가 이 가짜뉴스를 처음 보도했는지 찾기가 어렵습니다. 사람들은 최초 작성자가 누구인지 드러나지 않으면 그 뉴스의 진위성에 덜 민감하게 반응하게 됩니다. 즉 사람들은 뉴스를 접하면서도 가짜 정보를 담을 수 있다는 점에 심각성을 크게 깨닫지 못하고 그저 받아들이게 되는 것이죠. 그렇다면 특정 의도를 가진 누군가가 자신의 정체를 숨기고 가짜뉴스를 확산시키는 것이 더욱 수월해질 수밖에 없습니다. '공유하기'나 '리트윗' 등을 통해 클릭 한 번으로 간단하게 정보를 전파할 수 있게 되면서, 자신이 얻은 정보를 확산시키는 것에 대한 심리적 부담이나 기술적 어려움이 확연히 줄어든 것입니다(한혜주·이경미, 2014).

내가 보고 싶은 것만 볼 거야, 확증편향

'확증편향'이란 자신에게 유리하거나 관심 있는 정보만 골라서 받아들이려는 사고방식을 말합니다. 미디어 이용자인 우리에게는 이러한 확증편향이 흔히 있습니다. 즉 우리가 보고 싶은 정보, 듣고 싶은 정보만 쏙쏙 골라서 흡수하는 것이죠. 이런 확증편향을 가진 미디어 이용자들은 어느 한쪽으로 치우친 정보만 흡수한 채 그것을 진짜라고 믿게 됩니다. 가짜뉴스에 대해 비판적 사고를 하기 어렵고, 가짜뉴스를 식별하는 능력을 갖추기 어렵게 되는 것이죠.

예를 들어 우리는 자신이 지지하는 정치인이나 좋아하는 연예인에 관해서는 좋은 기사만 골라서 보는 경향이 있습니다. 그 기사 내용이 사실인지 거짓인지 확인해보지도 않고 그대로 믿으려 하지요. 실제 이를 뒷받침하는 연구가 있습니다. 연구 결과에 따르면, 특정 가짜뉴스가 자신의 의견과 일치할 경우 그 뉴스가 가짜뉴스일 것이라는 의심이 확연히 줄어들었습니다. 그뿐만 아니라, 그 뉴스를 타인에게 공유하고자 하는 의도가 증가하는 것으로 나타났습니다(염정윤·정세훈, 가짜뉴스 노출과 전파에 영향을 미치는 요인, 2019).

가짜뉴스를 만들고 퍼트리는 사람들은 바로 이러한 특성을 이용하는 것입니다. 결국 비슷한 관심사를 가진 사람들이 온라인 커뮤니티에 모이고, 확증편향에 따라 자신의 기존 생각을 강화하는 내용만 골라 공유함으로써 집단 양극화가 강화하게 됩니다.

현대경제연구원은 이렇게 무분별하게 퍼져나간 가짜뉴스가 초래하는 경제적 비용이 당사자 피해액 22조 7,700억 원, 사회적 피해액 7조 3,200억 원 등을 포함하여 연간 30조 900억 원에 달한다고 추산하기도 했습니다. 실로 가짜뉴스가 우리 사회와 국제 사회에 끼치는 문제가 심각해지고 있는 것이죠.

여러분, 이제 가짜뉴스 문제가 우리 삶에 얼마나 깊숙이 침투했는지 감이 오나요? 뉴미디어 시대를 살아가는 우리는 뉴미디어의 특성을 반드시 알고, 가짜뉴스의 부작용을 해결할 현명한 대처 방법을 깨우쳐야 합니다. 다음 장에서는 본격적으로 뉴미디어에 대해 알아봅시다.

토론거리_3

여러분에게도 확증편향이 있나요? 인터넷과 SNS를 이용하면서 정보를 선택적으로 골라서 흡수한 경험이 있는지 생각해보고 함께 공유해봅시다. (좋아하는 가수나 연예인 기사 등)

바야흐로 뉴미디어 시대

1
우리의 삶이 된
뉴미디어

여러분에게 질문을 하나 하겠습니다. 오늘 하루 스마트폰을 몇 번이나 들여다보았나요? 그 목적이 무엇이었나요? 시간을 확인하기 위해? 친구들과 메신저로 대화하기 위해? 인터넷 기사를 보기 위해? SNS를 하기 위해? 유튜브로 재밌는 영상을 보기 위해? 혹은 이 모든 것을 다 하지는 않았나요?

바야흐로 우리는 뉴미디어 시대에 살고 있습니다. 뉴미디어 시대를 살아가는 우리의 가장 흔한 아침 풍경은 대략 이러합니다. 눈을 뜨면 우리는 스마트폰으로 실시간으로 업데이트되는 뉴스를 확인합니다. 곧이어 해당 뉴스의 댓글을 확인하며 사람들의 반응도 곧바로 확인하죠. '공유하기' 버튼을 눌러 친구나 주변 지인들에게 이 소식을 공유하기도 합니다. 더욱 적극적인 사람들은 자신의 SNS에 이 뉴스를 게시하기도 하고요. 곧이어 이 게시글을 확인한 사람들이 '좋아요'나 댓글 등으로 피드백을 보냅니다. 이 과정이 모두 이루어지는 데 걸리는 시간은 몇 분이 채 되지 않습니다. 이것이 바로 뉴미디어 시대의 흔한 풍경입니다. 그렇다면 '뉴미디어'란 도대체 무엇일까요?

미디어에도 '전통'이 있다

'뉴(new) 미디어'라는 명칭에서도 추측할 수 있지만, 그 역사는 그리 길지 않습니다. 뉴미디어는 긴 역사와 전통을 가진 미디어가 발전하고 변화해 온 결과라고 할 수 있지요. 그렇다면 뉴미디어에 대해 알아보기 전에, 미디어란 무엇인지부터 알고 갑시다. 미디어(media)는 '정보를 교환하기 위해 중간에서 매체 역할을 하는 수단'을 의미합니다.

우리 인간은 본디 사회적 동물이기 때문에 서로 의사소통을 하며 정보나 소식을 함께 공유하는 본능과 습성이 있습니다. 종이와 인쇄술이 발달하지 않았던 아주 머나먼 과거에는 직접 만나서 대화하며 의사소통을 해야 했지요. 그렇기 때문에 하나의 정보가 이웃 간에, 옆 마을에 퍼지는 데 꽤 많은 시간이 소요됐을 것입니다. 그 후 나무껍질이나 양피지, 파피루스, 종이처럼 기록할 수 있는 수단이 생기면서 꽤 먼 곳에 있는 사람과도 의사소통이 어느 정도 가능해졌습니다.

인류 역사상 가장 오래된 기록매체 중 하나, 종이

미디어 발달에 가장 큰 활력을 불어넣은 것은 바로 인쇄술의 발달입니다. 역사 공부를 열심히 한 친구들은 잘 알겠지만, 우리나라에 아주 훌륭한 목판 인쇄술이 등장합니다. 하지만 목판은 오래 쓰거나 환경이 좋지 않으면 변형될 수 있다는 단점이 있지요. 그 후 금속으로 된 활판 인쇄술이 발명되는데, 금속 활판은 변형될 걱정 없이 다량의 인쇄물을 찍어낼 수 있는 최고의 기술입니다. 이로 인해 신문이 탄생하게 되고요. 이때부터 신문 같은 정기 간행물을 전문적으로 제작하고 생산하는 신문사가 등장했습니다. 그 후 신문사는 거의 독보적인 미디어 생산자 역할을 하게 되었습니다.

사람들은 신문에 실린 기사를 읽으면서 각종 소식과 정보를 수용하게 되었습니다. 신문은 정치, 문화, 사회, 스포츠 등 다양한 방면에서 대중에게 엄청난 영향력을 행사하게 되었고요. 뒤이어 라디오와 텔레비전이 등장하면서 신문과 라디오, 텔레비전은 새로운 소식과 정보를 전파하는 가장 대표적인 '전통 미디어'로 인류사에 자리 잡게 되었습니다. 이 세 가지는 엄청난 전파력을 가지고 불특정 다수에게 대량의 정보를 전달하면서 영향력을 발휘하기 때문에, '매스미디어(mass media, 대중 매체)'라고 칭하기도 합니다.

대화의 수준을 끌어올리는 똑똑이 아이템 2

미디어의 원동력, 인쇄술의 발달

인쇄술의 발달은 인류 역사에 커다란 변화를 가져옵니다. 인쇄술의 발달로 대량 인쇄가 가능해지면서 대중도 책이나 신문을 접할 수 있게 되었죠. 이는 미디어의 발전뿐 아니라 대중의 지적 수준을 끌어올리는 계기가 되기도 합니다. 이 위대한 인쇄술은 누가 발명했을까요? 인쇄술의 종류인 목판 인쇄술과 활판 인쇄술에 대해 자세히 살펴봅시다.

목판 인쇄술

목판 인쇄술은 목판에 글자를 새기고 이를 종이에 찍어내는 인쇄술입니다. 목판에 글자를 직접 조각해야 하므로 나무를 베어내 목판을 만들고 조각하는 작업에 수많은 인력과 시간이 투자되는 것이 단점이지만, 한 번 목판을 완성해놓으면 계속 찍어낼 수 있다는 것이 장점이죠. 우리에겐 목판 인쇄술의 대표작, 〈팔만대장경(八萬大藏經)〉이 있습니다.

〈팔만대장경〉은 고려 시대에 나라를 위협하는 몽골군을 부처의 힘으로 무찌르기 위해 만든 대장경입니다. 그 양이 어마어마한데, 대장경 목판을 쌓으면 백두산보다 높이 올라갈 정도라고 합니다. 또한 세계적으로 유명한 이유는 많은 양의 목판이 뒤틀리지 않았기 때문입니다. 보통의 목판은 나무 특성상 습기에 약해서 뒤틀리고 변형되기 쉬운데, 〈팔만대장경〉의 목판은 이를 방지하기 위해 추운 겨울에만 벌목하고 특별한 보존

처리를 하는 등 약 15년간 엄청난 정성을 쏟았습니다. 이 대장경을 보관하는 장경판전에는 통풍, 습도, 해충 방지 등 대장경이 온전히 유지될 수 있도록 하는 위대한 과학기술이 녹아들어 있습니다. 이런 놀라운 기술로 인해 장경판전은 세계문화유산으로 지정되었습니다.

해인사에 보관되어 있는 대장경판(출처: 문화재청)

활판 인쇄술

목판 인쇄술의 발달로 인쇄물의 보급이 가능해지긴 했지만, 모든 목판이 〈팔만대장경〉의 목판처럼 훌륭하진 못했습니다. 또 나무에 글자를 새기는 일은 정말 오랜 시간이 걸리는 일이었죠. 그 후 금속으로 글자를 찍어내 글자들을 조합하여 인쇄하는 활판 인쇄술이 등장합니다. 그런데 활판 인쇄술에서도 우리는 다시 한번 우리 조상의 위대함을 느낄 수 있습니다. 현존하는 세계 최초의 금속활자본이 바로 1377년 고려 시대에 제작된 〈직지심체요절(直指心體要節)〉이거든요. 그렇다면 인류 역사에서 금속활자로 된 활판 인쇄술을 최초로 개발하여 사용한 곳이 우리나라라고 감히 추측해볼 수 있겠습니다.

한 가지 아쉬운 것은, 고려 시대의 활판 인쇄술이 당시 민중의 삶에 큰 변화를 가져오진 못했다는 것입니다. 그래서 활판 인쇄술로 책을 보급하고 대중화하여 민중의 삶에 변화를 가져온 사람으로 서양의 '구텐베르크'를 이야기합니다. 그는 1455년에 최초로 활판 인쇄술을 이용해 유럽 전역에 성경을 퍼트리며 종교개혁과 국민문학의 발전을 촉진하는 혁신을 일으킵니다. 금속활자는 목판보다 제작 방법과 소요 시간이 훨씬 효율적이기 때문에 훗날 신문과 같은 미디어 발전에 씨앗이 됩니다. 지난 1999년 미국의 한 저널은 '지난 1000년을 빛낸 세계의 100인'에 1위로 구텐베르크를 꼽기도 했습니다.

활판 인쇄술(좌)과 서양 최초로 금속활자를 발명한 요하네스 구텐베르크(우)

4차 산업혁명의 동반자, 뉴미디어

우리는 21세기를 '4차 산업혁명 시대'라고 부릅니다. 4차 산업혁명의 가장 큰 특징은 예측하기 어려울 정도로 빠르고 혁신적인 기술의 발달입니다. 특히 정보통신(ICT) 기술이 발전함에 따라 미디어의 형태와 종류도 훨씬 더 다양해졌습니다. 기존의 대중 매체인 신문, 텔레비전 등을 이용하지 않고 통신망과 온라인을 통해 상호작용하는 다양한 미디어가 등장하였는데, 이것들을 통칭해 '뉴미디어'라고 부릅니다. 쉽게 예를 들자면, 종이신문이 아닌 인터넷 신문이 생기고, 거실에 놓인 TV가 아닌 '온라인 동영상 플랫폼(유튜브처럼 인터넷으로 동영상을 공유하는 서비스)'으로 다양한 영상과 방송을 시청하고 직접 제작할 수 있게 된 것입니다. 종이 책이 아닌 e-북(전자책)을 보거나 영화를 DVD로 보는 것도 디지털 기반 뉴미디어라 할 수 있습니다.

그중에서도 뉴미디어의 특징이 가장 두드러진 형태로 '소셜미디어(social media)'를 꼽을 수 있습니다. 소셜미디어는 개인 간의 네트워크를 통해 의견과 생각 등을 빠르게 주고받으며 소통할 수 있는 미디어를 말합니다. 우리가 잘 알고 있는 페이스북, 트위터가 이런 소셜미디어 범주에 속하는 대표적인 SNS 플랫폼입니다.

다양한 소셜미디어

　전통 미디어와 비교했을 때 소셜미디어의 가장 큰 특징은 사람들 간의 '소통'이 훨씬 더 쉽고 빠르다는 점입니다. 이제 우리는 언제 어디서든 SNS를 통해 자신을 표현할 수 있습니다. 소셜미디어가 우리 삶에 깊숙이 자리 잡으면서, 우리가 살아가는 시대와 사회는 아주 큰 변화를 겪고 있습니다. 그 변화 중에는 긍정적인 것이 많습니다. 하지만 최근에는 소셜미디어의 부작용이 국제적 이슈로 떠오르고 있습니다. 이토록 편리한 소셜미디어가 도대체 어떤 문제점을 유발하는 걸까요? 최근 소셜미디어로 인해 발생한 변화와 사회적 문제를 살펴보면서 뉴미디어 시대의 현주소를 알아보도록 합시다.

토론거리_4

인터넷이나 SNS를 이용하면서 느꼈던 좋은 점을 함께 공유해 봅시다. 또 인터넷과 SNS의 문제점(불편한 점, 불쾌한 점, 안 좋은 점 등)에 대해서도 생각해보고, 그 원인이 무엇일지 생각을 공유해봅시다.

2
스타보다 더 스타,
인플루언서

박스만 뜯어도 돈을 번다고?

얼마 전 미국의 경제 잡지 〈포브스(Forbes)〉가 세계에서 가장 수익이 많은 유튜버 리스트를 발표해 화제가 되었습니다. 정말 놀랍게도 고소득 유튜버 1위는 미국의 아홉 살짜리 꼬마 '라이언'으로, 한 해 수익이 우리 돈으로 200억 원이 넘었다고 합니다. 어마어마하죠? 도대체 이 꼬마에게 어떤 특별한 것이 있길래 이렇게 엄청난 수익을 낼 수 있었을까요?

라이언의 부모는 라이언이 네 살 때부터 라이언의 이름으로 유튜브 채널을 시작했습니다. 이 채널의 주요 콘텐츠는 그리 특별한 것은 아니었습니다. 혹시 '언박싱(unboxing)'이라는 말을 들어보았나요? 이 단어를 알고 있다면 여러분은 유튜브를 비롯한 SNS를 꽤나 즐기는 유저임이 분명합니다. 언박싱이란 새로 사들인 물품을 포장한 박스를 개봉하는 과정을 뜻하는 유행어입니다. 꼬마 라이언의 주요 콘텐츠는 새로 사들인 장난감의 '언박싱'이었습니다. 라이언이 디즈니 장난감을 꺼내어 노는 영상은 조회 수 10억을 돌파했고, 채널 구독자는 2,290만 명, 누적 조회 수는 350억을 기록하였습니다. 그러자 각종 장난감 회사의 협찬이 들어왔고, 급기야 라이언의 이름을 내건 장난감 브랜드 '라이언즈 월드(Ryan's World)'가 출시되어 미국 전역의 마트와 온라인몰에서 판매되기에 이르렀습니다. 어때요, 영화 같은 이야기인가요? 하지만 뉴미디어 시대를 살아가는 우리에게 꼬마 라이언과 같은 삶이 꿈같은 이야기만은 아닙니다.

💬 토론거리_5

미디어 제작자가 된 적이 있나요? 만약 내가 크리에이터가 되어 '1인 미디어'를 제작한다면 어떤 주제와 콘셉트의 콘텐츠를 제작하고 싶은지 창의적인 아이디어를 함께 공유해봅시다.

언박싱 영상을 공유하는 요즘 세대 젊은이들

　유튜브를 비롯한 각종 SNS에는 라이언처럼 수많은 구독자나 팔로워를 보유한 일명 '인플루언서(influencer)'가 존재합니다. 인플루언서는 인스타그램이나 유튜브 등의 SNS에서 명성을 크게 얻은 일반인으로, 수많은 타인에게 영향을 미치는(influence) 사람들을 가리키는 신조어입니다. 과거에는 텔레비전과 라디오 같은 매스미디어에 등장하는 연예인이 우리의 삶과 문화, 유행에 큰 영향을 미쳤습니다. 이제는 각종 소셜미디어에서 높은 인지도를 가진 인플루언서들이 우리 사회의 여러 방면에서 막대한 영향력을 발휘하고 있습니다. 이들은 미용과 패션 분야에서 최신 유행을 선도할 뿐 아니라 음식점이나 카페, 관광지, 화장품 등의 상품을 홍보하는 역할도 톡톡히 하고 있습니다. 심지어 대형 브랜드의 마케팅에서도 떠오르는 귀한 손님이 되었습니다. 이러한 시대적 흐름에 맞추어 SNS를 이용한 마케팅이 갈수록 발전하고 있는 것입니다.

한국디지털정책학회의 이승훈 저자[1]가 작성한 논문에 따르면, 설문조사 대상자 중 10대부터 40대에 해당하는 소비자들이 TV 광고를 신뢰하는 정도는 34%에 불과했습니다. 하지만 그들은 온라인 리뷰를 68%나 신뢰하는 것으로 나타났습니다. 또 소비자의 98%는 '트립 어드바이저'와 같은 숙박 어플에서 제공하는 호텔 관련 리뷰를 신뢰하는 것으로 드러났습니다. 실제로 국내 화장품 브랜드 '미샤'는 유튜브 구독자와 인스타그램 팔로워 수십만 명 가량을 보유한 인플루언서와 신제품 사전 판매 이벤트를 실시했는데요. 그 결과, 라이브 방송 2분 30여 초 만에 화장품 3,000개를 완판하는 쾌거를 거두었습니다. 인플루언서를 활용한 마케팅 전략이 대성공한 셈이지요. 이렇게 된 이상, 기업들이 TV 광고에 목맬 필요가 있을까요?

---

1) 이승훈, 〈외식기업의 전통적 미디어와 뉴미디어 커뮤니케이션이 러브 마크, 만족, 행동의도에 미치는 영향〉, 2017.

대화의 수준을 끌어올리는 똑똑이 아이템 3

뉴미디어 시대의 소비자들

이제 인플루언서를 활용한 SNS 광고는 말할 것도 없이 마케팅 분야의 핵심으로 자리 잡았습니다. 그런데 요새는 연예인과 인플루언서만 마케팅에 참여하는 것이 아닙니다. 우리도 언제 어디서든 마케팅에 참여하고 심지어 상품 제작 과정에 참여할 수도 있습니다. 이 모든 변화는 뉴미디어의 발전과 깊은 연관성이 있습니다. 과연 소비자의 역할에 어떤 변화가 있는지 함께 살펴볼까요?

프로슈머

'프로슈머(prosumer)'란 '생산자'를 뜻하는 'producer'와 '소비자'를 뜻하는 'consumer'가 합쳐진 합성어입니다. 상품을 단지 소비할 뿐만 아니라 생산하는 데 참여하거나 영향력을 발휘하는 오늘날의 소비자를 가리킵니다. 그렇다면 소비자는 어떻게 프로슈머가 되는 걸까요?

오늘날의 기업들은 소비자의 니즈(요구)에 맞춰 '고객 맞춤형' 상품을 제작하려 합니다. 그러려면 소비자의 목소리를 듣는 것이 가장 핵심이 되겠지요. 이를 위해 많은 기업에서는 상품 제작 과정에서 소비자의 시각으로 참신한 아이디어를 기꺼이 제공할 프로슈머를 모집합니다. 예를 들면 새로운 자동차를 디자인하는 과정에서 프로슈머는 실제 운전자로서 그들이 선호하는 디자인을 제안하는 것이지요. 또는 새로운 화장품을 개발하는 과정에서 프로슈머들이 제품의 네이밍(이름을 짓는 것)에 참여하기도 합니다. 이 모든 것은 뉴미디어의 발전과도 관련이 깊습니다. 오늘날 기업들은 프로슈머를 모집하는 과정과 생산된 제품을 널리 알리는 과정 모두에 소셜미디어를 적극적으로 활용하고 있기 때문입니다.

애드슈머

'애드슈머(adsumer)'란 '광고'를 뜻하는 'advertising'과 '소비자'를 뜻하는 'consumer'를 더한 합성어로, 상품의 광고에 적극적으로 참여하는 소비자를 가리킵니다. 여러분은 인플루언서가 번뜩 떠오르겠지만, 사실 애드슈머는 인플루언서의 전유물이 아닙니다. 우리도 애드슈머로 활약할 수 있고, 이미 우리는 일상에서 수많은 애드슈머를 볼 수 있습니다.

예를 들어, 여러분이 사용하는 스마트폰이 오래되어 새로운 것으로 구매해야 한다고 가정해봅시다. 아무런 정보 없이 매장에 가서 직원과 상담하고 구매하는 방법도 있지만, 똑똑한 소비자라면 인터넷과 SNS에서 검색을 해볼 겁니다. 유튜브에서 검색한다면 스마트폰의 언박싱 영상부터 구체적인 기능을 설명하는 영상을 볼 수 있습니다. 포털 사이트에서 검색한다면 '한 달 사용 후기'와 같은 블로그 포스팅을 볼 수 있을 겁니다. 이런 포스팅은 개인의 기록이면서 기업의 의뢰를 받은 일종의 마케팅 활동이 될 수 있습니다.

요새 텔레비전 광고 중에도 일반 소비자가 직접 촬영한 UCC로 만든 광고를 흔히 볼 수 있습니다. 이 또한 기업이 참여자를 모집하고 소비자들이 직접 참여하여 완성된 마케팅이라 할 수 있지요. 소비자가 소비 이상의 활동을 할 수 있는 세상, 뉴미디어 시대이기에 가능하다 해도 과언이 아닙니다.

가짜뉴스 뺨치는 가짜 광고의 세상

이렇듯 뉴미디어의 발전은 기업의 마케팅 전략에 큰 변화를 가져왔습니다. 소비자로서도 상품 정보를 얻을 수 있는 경로가 TV, 신문, 라디오만이 아니라 인터넷과 SNS로 확대했다는 점에서 긍정적인 발전이라고 볼 수 있습니다. 그런데 이 변화는 미처 예상하지 못한 문제를 일으키게 됩니다.

2017년, 태국의 한 낡은 주택에서 스마트폰 470여 대와 미사용 유심칩 35만 개가 발견되면서 '클릭 팜(click farm, 클릭을 생산하는 농장이라는 뜻)'의 존재가 세상에 드러났습니다. 이곳에서는 약 500만 원에 고용된 노동자들이 태국에서 판매될 제품의 인기도를 끌어올리기 위해 SNS의 상품 포스팅에 대해 '좋아요'와 공유하기를 대량으로 조작하고 있었습니다.

이뿐만 아니라 2015년에는 중국의 한 직원이 스마트폰 수십 대로 특정 어플을 내려받아서 앱스토어의 애플리케이션 순위를 조작하는 사건도 있었습니다. 더 나아가 사람이 아닌 매크로 기술로 엄청난 수의 '좋아요'를 만들어내는 사태까지 나타났습니다. 돈을 벌기 위해 SNS 마케팅을 기술적으로 조작하고 악용하는 사례가 늘어나기 시작한 것입니다.

인플루언서를 앞세운 SNS 허위 과장 광고도 점점 늘어나고 있습니다. 급기야 얼마 전에는 식품의약품안전처에서 한 액상 식품에 대해 거짓 과장 광고를 한 인플루언서 15명과, 이들에게 광고를 의뢰한 유통업체 8곳을 적발하는 사태가 벌어지기도 했습니다. 인플루언서들은 특정 음료를 마시고 얼굴에 살이 빠져 턱이 브이라인이 되었다는 영상과 게시글을 올리면서 광고를 하였습니다. 또 대중에게 유명한 먹방 유튜버가 다이어트 식품을 허위 과장 광고한 혐의로 벌금형을 받은 사례도 있습니다.

우리는 SNS에서 인플루언서들이 운동기구나 건강보조제 등을 직접 체험하면서 실제 효과를 본 것처럼 광고하는 것을 아주 흔하게 볼 수 있습니다. 이것은 오늘날에 걸맞은 마케팅 전략일 수도 있지만, 한편으로는 품질에 대한 검증된 사실보다 인플루언서의 인기를 이용한 허위 과장 광고일 수도 있다는 점을 기억해야 합니다. '후기를 가장한 광고'와 '실제 사용 후기' 사이에서, 속된 말로 '낚이느냐, 낚이지 않느냐'의 문제에 직면하게 된 것입니다. 결국 소셜미디어를 활용한 마케팅이 발전함에 따라, 소비자들이 '진짜와 가짜를 구분하는 능력'을 갖추어야 할 필요성은 더욱 커진 셈입니다.

토론거리_6

인플루언서의 SNS를 이용한 광고를 보고 상품을 사거나 구입하고 싶었던 적이 있나요? 자신의 경험을 말하고 인플루언서의 광고를 보고 느낀 점을 공유해봅시다.

3
소셜미디어는
언어폭력의 장?

청소년 사이버 언어폭력

"선생님, 이것 좀 봐주세요."

종례 후에 교무실로 찾아온 우리 반 여학생이 내민 것은 스마트폰이었습니다. 페이스북으로 추정되는 게시물의 댓글 화면이 눈에 들어왔습니다. '너 내일 좀 맞자', '깝치지 마라' 등 거친 욕과 함께 협박의 말이 가득했습니다. 더 큰 문제는, 지난밤 사이 이 무시무시한 댓글을 많은 학생이 보았다는 것입니다. 그래서였을까요, 이 학생은 학교에 있는 내내 한껏 움츠러들어 있었습니다.

청소년 사이에서 심각해지고 있는 사이버 언어폭력

　수년간 교직 생활을 하며 '카카오톡'이나 '페이스북 메시지' 와 같은 온라인 채팅으로 인해 학폭위(학교폭력대책심의위원회)가 열리는 경우를 종종 보았습니다. 주로 온라인상에서 특정 학생 에 대한 따돌림, 외모 비하나 거짓 소문, 단순 욕설 등을 한 이유 에서였습니다. 심지어 한 학생이 '카카오톡 프로필'에 특정 친구 를 성희롱하는 문구를 작성해서 학교가 발칵 뒤집힌 적도 있습 니다. 가해 학생은 단순히 자신의 프로필 공간에 하고 싶은 말을 적은 것이라고 생각했겠지만, 그것은 단연코 잘못된 생각입니다.
　학교폭력은 학생들이 학교 현장에서 누군가를 괴롭히거나 신 체를 가해하는 것만 의미하지 않습니다. 오히려 실제 발생하는 학교폭력 사안 중 많은 부분이 학교 밖, 그중에도 인터넷이나

SNS에서 벌어집니다. SNS에 올리는 '저격 글(특정 인물을 비난하거나 비하하는 목적으로 작성한 글)'이나 욕설이 포함된 댓글뿐 아니라, 채팅방에서 주고받은 대화, 사진, 동영상, 심지어 카카오톡의 프로필 메시지 문구 한 줄도 학교폭력 사안의 명백한 피해 또는 가해 증거가 될 수 있습니다. 이것은 청소년들 사이에서 스마트폰과 SNS 사용이 그만큼 일상화됐다는 뜻입니다. 문제는, 이같이 빠르게 발전하여 우리 삶에 일상화된 과학기술, 즉 '물질문화'에 비해 청소년들이 SNS를 올바르게 사용하는 방법이나 태도인 '비물질문화'가 제대로 형성되지 못했다는 점입니다.

 토론거리_7

SNS 언어폭력으로 상처를 입은 적이 있나요? 혹은 SNS의 잘못된 사용으로 친구에게 상처를 입힌 적이 있나요? 자신의 경험을 공유하면서 문제점을 이야기해봅시다.

"당신은 혹시 프로 악플러인가요?"

이러한 문화 지체 현상이 청소년들 사이에서만 발생하는 것은 아닙니다. 안타깝게도 우리 사회는 인터넷과 SNS의 잘못된 사용으로 많은 고통을 받고 있습니다. 익명성을 이용하여 연예인이나 유명인에 대해 근거 없는 소문을 만들어 퍼트리는 행위, 욕설과 성희롱 발언과 더불어 악플(악성 댓글)을 다는 행위가 가장 대표적 문제라 할 수 있습니다. 연예인에 대한 각종 루머나 외모 비하는 물론이고, 심지어 사회봉사나 기부하는 연예인에 대해서도 '착한 척한다', '이미지 관리한다'라는 악플이 심심치 않게 등장합니다. 엄청난 악플에 못 이겨 우울증에 시달리거나 심지어 목숨을 끊는 경우도 있습니다. 혹시 '프로 악플러'라는 신조어를 알고 있나요? 특정 인물이나 대상의 아주 사소한 것조차 못마땅하게 여기고 악플을 남기는 사람들을 가리키는 신조어입니다. 이러한 프로 악플러들이 소셜미디어에 갈수록 넘쳐나고 있습니다.

악플로 인한 피해는 비단 연예인만 겪는 문제가 아닙니다. 몇 년 전 한 사건이 SNS에 올라와 화제가 된 적이 있습니다. 승객이 많은 번잡한 버스에서 아이 혼자 내린 것을 알게 된 엄마가 버스를 세워달라고 했으나 버스 기사가 욕설을 뱉으며 무시한 채 버스를 출발시켰다는 목격담이 인터넷에 올라왔는데, 곧이어 버스 기사를 비난하는 악플이 수없이 올라오기 시작했습니다. 버스 기사의 잘못된 대처에 대한 것뿐 아니라 '아동학대', '막장 운전'이라는 식의 인신공격이 난무했습니다. 버스 기사를 처벌해야 한다는 글과 민원으로 버스조합 사이트가 마비되었습니다.

당신은 프로 악플러인가요?

하지만 그 후 CCTV로 확인한 사실은 네티즌들을 또다시 놀라
게 했습니다. 버스 기사가 욕설을 내뱉는 장면은 없었고, 아이의
엄마가 문제를 알아챘을 땐 이미 버스가 출발하고 10초가량 흐
른 뒤라 버스를 멈출 수 없었습니다. 이 사실이 알려지면서 버스
기사의 억울함이 밝혀지게 되었습니다. 그 후 버스 기사는 한 인
터뷰를 통해 "너무 고통스러워 자살 생각까지 들었다. 밥 한 끼도
못 먹고, 잠도 한숨 잘 수 없었다."며 그간의 심적 고통을 털어놓
았습니다. 그에게 인신공격을 쏟아부었던 몇몇 사람은 자신의 설

부른 언행에 죄송하다고 사과했습니다. 그러나 아무런 사과도 하지 않은 채 조용히 자취를 감춘 악플러가 대부분이었습니다. 그로 인해 버스 기사가 받은 상처와 정신적 충격은 쉽사리 치유되지 못할 겁니다. 결국 인터넷에 올라온 글 하나로 인해 제대로 된 사실 확인 없이 평범한 시민에게 '언어폭력'을 행사한 것입니다.

위에 언급한 악플 피해사례는 빙산의 일각에 불과합니다. 실시간으로 쏟아져 나오는 악플은 특정 개인에 대한 비방만이 아니라 사회 전체에도 큰 영향을 미칩니다. 정치 관련 뉴스나 기사에는 항상 자신과 정치적 의견이 다른 사람들을 맹목적으로 무시하거나 비난하는 댓글이 달려, 보는 이의 눈살을 찌푸리게 합니다. 인터넷과 SNS상의 악플은 시간이 갈수록 더욱 심화하여 비슷한 생각을 가진 사람들끼리 똘똘 뭉쳐 '여론 아닌 여론'을 형성하면서 혼란을 일으킵니다. 그들은 단지 일회성 악플을 남기는 것이 아니라, 의도적으로 잘못된 정보나 관념을 퍼트리기 때문입니다.

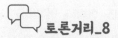
토론거리_8
인터넷이나 SNS에서 본 악플이나 허위 정보 중 가장 기억에 남는 것을 공유하고 문제점을 이야기해봅시다.

대화의 수준을 끌어올리는 똑똑이 아이템 4

악플이 사라지기 어려운 이유

가면 갈수록 악플이 심각해진다고 느낀다면 착각일까요? 왜 악플은 갈수록 증가하고 심화하는 걸까요? 악플을 남기는 사람과 동조하는 사람, 그리고 방관하는 사람의 심리는 무엇일까요? 우리는 심리적 요소에서 그 원인을 찾아볼 수 있습니다. 과연 어떤 이유인지 함께 살펴볼까요?

침묵의 나선 이론

'침묵의 나선 이론(The Spiral of Silence Theory)'에 따르면, 우리는 다수와 똑같은 의견을 가질 때 적극적으로 나서서 지지를 표시합니다. 하지만 다수 의견에 반대하는 생각을 할 때는 적극적으로 반대하기보다 침묵을 유지하며 소극적인 태도를 보입니다. 본래 이 이론은 공동체 안에서 대다수가 A라는 의견을 낼 때 누군가가 B라는 소수 의견을 제시하기가 어려운 이유를 설명하는 이론입니다. 그런데 이 이론은 인터넷과 SNS에 시시각각 쏟아지는 악플과 뒷담화를 쉽게 반박하거나 끊어내지 못하고 소극적으로 대처하는 경향을 설명하기도 합니다. 더 나아가 누군가의 악플이 또 다른 악플을 부추기는 현상을 뒷받침할 수 있지요. 이런 악플이나 근거 없는 비난 글로 인해 개인 또는 단체가 순식간에 몰락하거나 막대한 피해를 입게 되는데, 이런 현상을 우리는 흔히 '마녀사냥'이라 부릅니다.

밴드왜건 효과

침묵의 나선 이론과 더불어 악플이 사라지지 않는 이유를 이해하기 위해 우리가 알아야 할 심리적 현상이 하나 더 있습니다. 바로 '밴드왜건 효과(Band wagon effect)'입니다. 이 효과는 본래 사람들이 많이 구매한 물건을 자신도 구매하는 소비 현상을 설명하는 경제 용어로 등장했습니다. 하지만 그 이외에도 선거기간에 가장 지지율이 높은 후보자에게 더욱 많은 호의가 모이는 정치적 현상을 설명하기도 하고, 우리가 다수의 의견이나 행동 등을 별 의식 없이 따르게 되는 현상을 설명할 수도 있습니다. 그리고 두말할 것도 없이 인터넷과 SNS에서 이런 현상은 매우 두드러지게 나타납니다. 심지어 인터넷과 SNS는 장소와 시간의 제약을 받지 않기 때문에, 누군가가 작성한 악플이나 허위사실 하나가 기하급수적인 파급력을 가질 수 있습니다.

예를 들어, SNS에 음식점에 대한 혹평이 올라온다면, 그곳은 많은 대중에게 '절대 가면 안 되는 음식점'으로 자리 잡는 것입니다. 또 어떤 연예인의 외모를 평가하고 비난하는 댓글을 여러 개 목격한다면, 자신 또한 그 연예인에 대해 부정적 인상을 받기 쉽게 됩니다. 밴드왜건 효과가 긍정적 방향으로 나타나면 좋지만, 반대로 부정적 방향으로 나타날 때는 거짓 정보의 전파와 악플 등 언어폭력 확산에 큰 영향을 미칠 수 있습니다. 그래서 시간과 장소의 제약 없이 서로가 서로에게 크고 작은 영향력을 발휘하는 SNS 세계에서, 자신만의 올바른 판단기준을 갖는 것은 무엇보다 중요합니다.

일촉즉발 시한폭탄 '혐오 표현'

최근 들어 가짜뉴스, 악성 댓글과 더불어 '혐오 표현'이 또 다른 사회적 문제로 떠오르고 있습니다. 가볍게 생각하면 내가 누군가를 좋아하고 싫어하는 것은 자유이고, 그것을 표현하는 것이 왜 사회적 문제가 되냐고 반박할 수도 있습니다. 하지만 최근 뉴스에 빈번히 등장하는 혐오 표현 사건은 사회 구성원 간의 심각한 갈등과 편 가르기, 무차별적 비난 등으로 자주 이어집니다. 특히 여성, 성 소수자, 장애인, 난민 등 사회적 약자를 향해 있는 경우가 많습니다.

가장 최근에는 코로나19 감염 확산으로 인해 유럽을 비롯한 서양인이 동양인을 혐오하거나 인종차별을 한 사례가 있습니다. 코로나19가 중국에서 가장 처음 발견된 것은 사실이지만, 우리를 비롯한 모든 동양인이 코로나19 확산의 원인은 아닙니다. 하지만 한 서양인이 근처를 지나가던 아시아인에게 욕설을 퍼붓는 영상이 SNS에 올라오고 동양인을 비방하는 게시글이 올라오면서 화제가 되었습니다. 심지어 동양인을 '바이러스'라 칭하며 갑자기 폭행한 영상도 올라왔습니다. 이러한 혐오 표현은 SNS로 빠르게 전파되면서 동양인의 분개를 일으켰습니다. 인종차별은 아주 긴 역사를 가진 문제입니다. 하지만 시간과 장소의 제약 없이 빠르게 소통할 수 있는 SNS가 인종차별과 혐오 표현의 온상지가 되어가는 것은 정말 큰 문제입니다.

성 소수자에 대한 혐오 표현도 심각합니다. 국가인권위원회가 실시한 설문조사 결과(2017)에 따르면, 성 소수자의 94% 이상이 온라인에서 혐오 표현을 겪었다고 합니다. 그들은 주로 '변태', '호모' 등의 혐오 표현을 들었으며, 그 편견과 낙인에 대한 충격으로 자살 충동, 우울증, 외상 후 스트레스 장애 등의 고통을 겪기도 했습니다. 이뿐 아니라, SNS와 인터넷상에서 여성과 남성이 서로를 무차별적으로 비난하고 탓하는 경우도 어렵지 않게 볼 수 있습니다. 사건의 본질이 무엇인지, 대화의 주제가 무엇인지조차 잊어버린 채 서로에게 화살을 겨누는 것은 해결 방법이 될 수 없습니다. 그런데도 수많은 사람이 '표현의 자유'라는 고결한 권리를 '남을 마음껏 비난할 수 있는 자유'로 오용하고 있습니다.

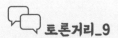 토론거리_9

혐오 표현으로 사회적 또는 국제적 문제가 된 사례를 찾아 발표해봅시다. 이러한 문제는 어떻게 예방해야 할까요?

4
뉴미디어 시대,
현대인의 3대 증후군

건강 의학 관련 사이트 '하이닥'의 김윤정 기자는 뉴미디어 시대를 살아가는 현대인이 겪는 3대 증후군을 소개했습니다.[2] 과거에 없던 스마트폰의 일상화와 SNS의 발달로 겪게 되는 현상이죠. 다음의 3대 증후군을 살펴보면서 여러분도 혹시 이러한 증후군을 보이지 않는지 스스로 진단해보기를 바랍니다.

유령진동 증후군, "내 폰아, 떨고 있니?"

유령진동 증후군은 스마트폰의 진동이 울렸다고 착각해 스마

---

2) https://www.hidoc.co.kr/healthstory/news/C0000482970

트폰을 계속 확인하는 강박증을 의미합니다. '앗, 나도 자주 그러는데!'라고 생각했나요? 아마 여러분도 진동을 느껴 여러 번 스마트폰을 들여다봤는데도 아무 일이 없던 경험이 있을 겁니다. 실제로 이런 증상을 겪는 현대인이 생각보다 많습니다.

미국 매사추세츠주 스프링필드 베이스테이트 메디컬센터의 마이클 로스버그 박사가 유령진동 증후군에 대해 실시한 설문조사에 따르면, 설문 응답자 169명 중 68%가 이러한 증상을 겪는 것으로 나타났습니다. 그중 87%가 일주일에 한 번, 13%는 매일 경험한다고 응답했습니다. 스마트폰이 그만큼 일상화됐기 때문이라며 가볍게 받아들일 문제가 아닙니다. 이 증상이 더욱 심해지면 스마트폰을 손에 쥐고 있지 않을 때 허전하고 불안한 느낌을 크게 받게 될 테니까요. 결국 일상생활을 유지하기 힘들어지겠죠. 일상을 더욱 편리하고 여유롭게 만들기 위해 존재하는 스마트폰이 오히려 우리의 일상을 통솔하는 존재가 되어버리는 이 상황을 '주객전도'라고 말하지 않을 수 없습니다.

노모포비아 증후군, "스마트폰 없이 못 살아!"

뉴미디어 시대의 현대인이 흔히 겪는 두 번째 증후군은 '노모포비아 증후군'입니다. 이 증후군은 스마트폰 없이는 단 한순간도 정상의 삶을 유지할 수 없게 됨을 의미합니다.

단 한 순간도 스마트폰 없인 생활하기 어려운 현대인들

'노모포비아'는 'No Mobile(휴대폰 없음)'의 앞 음절과 '공포증' 을 의미하는 'phobia'가 합쳐진 용어입니다. 단어 그대로 '휴대 폰 없는 것에 대한 공포증'을 뜻하는 합성어라고 할 수 있지요. 이미 유령진동 증후군을 넘어서 노모포비아 증후군을 겪는 현대 인이 많습니다. 성인뿐 아니라 청소년도 시간이 날 때마다 스마 트폰부터 찾아 영상을 보거나 모바일 게임을 하는 모습을 쉽게 볼 수 있습니다.

수련회나 체험학습 등 교외 활동을 할 때면 학생들에게 스마트폰을 사용하지 말라고 합니다. 활동에 집중할 수 있도록요. 하지만 '폰이 없으면 어떤 활동을 해도 재미가 없다.'고 불평하는 학생이 많습니다. 활동 도중 쉬는 시간에 '폰을 보게 해달라.'고 요구하는 학생도 많고요. 물론 학생들만의 문제는 아닙니다. 저조차도 출근길에 스마트폰을 집에 두고 온 것을 알아채고, 지각을 무릅쓰고서 곧장 집으로 돌아가 스마트폰을 챙겨 나오기도 했습니다. 스마트폰 없이 하루를 온전히 무사하게 보낼 수 없을 것 같았기 때문이었습니다. 여러분은 스마트폰 없이 며칠을 보내는 상상을 해본 적 있나요? 며칠이 아니라 단 하루라도 일상생활을 유지하기 힘들지도 모릅니다.

노모포비아 증후군 테스트

☑ 휴대폰을 수시로 만져요

☑ 친구와 함께일 때도 핸드폰을 자주 확인해요

☑ 잠잘 때도 휴대폰은 항상 옆에 둬야 편안해요

☑ 휴대폰 베터리가 없으면 불안해요

☑ 화장실에 갈 때 휴대폰과 함께해요

(출처: 중앙선거관리위원회 공식 네이버 블로그)

이 중 하나라도 해당된다면, 노모포비아를 의심해보세요!

포모 증후군, "나만 소외되는 건 싫어."

마지막으로 소개할 뉴미디어 시대의 증후군은 '포모 증후군'입니다. 포모 증후군의 '포모(FOMO)'는 'Fear of Missing Out(놓치는 것에 대한 두려움)'의 앞 알파벳을 합쳐 읽은 것입니다. 이것은 자신이 어떤 중요한 것을 놓치거나 다른 사람들보다 뒤처지고 소외되는 것을 두려워하는 상황을 의미합니다. 더욱 구체적으로는 현대인이 SNS에 중독되는 현상을 말합니다. SNS를 계속 확인하지 않으면 SNS에 올라오는 새로운 소식을 놓치거나 혼자만 소외될까 봐 걱정이 되는 것이죠.

한국인터넷진흥원의 인터넷 이용 실태조사에 따르면, 20~30대의 SNS 이용률이 지난 2015년에 이미 80%에 육박했다고 합니다. 하지만 포모 증후군은 단순히 '요즘 현대인의 대다수가 SNS를 이용한다.'라는 객관적 현상만 의미하지 않습니다. 그보다 더 중요한 것은 SNS를 이용하는 현대인의 심리입니다.

정말 SNS를 하지 않으면 남들보다 뒤처지는 걸까요? SNS 활동이 누구든 소외시키지 않고 모두 행복하게 한다면 다행입니다. 문제는 SNS 활동으로 인해 우울감을 겪는 사람이 많다는 것입니다. 따뜻한 봄날에 SNS를 보다가 다른 누군가가 벚꽃 놀이를 다녀온 사진을 보며 신세를 한탄하거나, 크리스마스나 연말연시 같은 특별한 날에 연인과 행복한 시간을 보낸 게시글을 보며 부러움을 느끼는 것이 바로 그것입니다.

사람들은 사회에서 소외되지 않기 위해 SNS에 매달리며 타인의 삶을 엿보지만, 결국 타인과 자신을 비교하면서 오히려 깊은 소외감을 느끼게 되는 것입니다. 참 아이러니하죠? 그런데도 SNS를 멈출 수 없는 것, 그것이 바로 뉴미디어 시대를 살아가는 우리 현대인의 고질병이 아닐까요? 이렇게 다양하고 복잡한 면모를 가진 뉴미디어 시대에서 건강하고 현명한 미디어 이용자로 거듭나기 위해선 어떠한 능력을 갖추어야 할까요?

SNS 활동으로 오히려 우울감을 겪는 현대인들

토론거리_10

SNS 활동 때문에 즐거움보다 우울함이나 슬픔, 분노를 경험한 적이 있다면 함께 공유해봅시다. 그것에 어떻게 대처하고 대응했는지 이야기해봅시다.

규제의 도마 위에 놓인 소셜미디어

1
비상 걸린
소셜미디어

    2장에서 소셜미디어, 그중에서도 우리 삶에 깊숙이 공존하는 SNS가 어떻게 변질되어 사회적 문제를 일으키는지 그 심각성을 살펴보았습니다. 익명성을 기반으로 한 언어폭력과 혐오 표현, 그리고 가짜뉴스는 우리 사회를 넘어 전 세계의 평화와 안전을 위협하는 잠재적 무기가 되고 있습니다. 이를 감지한 여러 국가와 기업은 그동안 여러 규제를 시도했습니다. 아이러니하게도 삶을 더욱더 민주적이고 자유롭게 만들어 준 소셜미디어를 도리어 규제해야 하는 상황에 봉착한 것입니다. 미디어 규제, 여러분도 그 필요성을 인식하고 기다리고 있나요? 이번 3장에서는 국가와 기업이 어떤 방식으로 미디어 규제를 시도해왔는지 여러 사례를 살펴봅니다. 국민으로서, 그리고 미디어 유저로서 다음에 살펴볼 각종 규제 내용의 효과와 부작용을 함께 생각해보기 바랍니다.

인터넷 악플의 문제점이 제기되기 시작한 것은 꽤 오래전 일이지만, 소셜미디어 오용의 문제점이 본격적으로 대두되기 시작한 원인은 2016년 미국 대선 기간에 SNS를 뒤흔든 가짜뉴스입니다. 한 나라의 대통령을 선출하는 데 대선 후보자들을 쥐락펴락하는 SNS라니, 이를 지켜본 여러 국가가 그 심각성을 인식하여 오염된 소셜미디어에 대해 선전포고를 하게 됩니다. 어떤 국가가 소셜미디어에 대해 법적 심판을 하고 있을까요?

가장 먼저 스타트를 끊은 국가는?

2016년 미국 대선 후 가장 먼저 SNS 규제에 나선 국가는 독일입니다. 독일은 2017년에 'SNS상의 법 진행 개선에 관한 법률(NetsDG)[3]'을 통과시키고 SNS 규제에 적극적으로 나섭니다. 독일은 이 법률에 따라 혐오나 차별 발언, 허위 정보, 명예훼손, 아

---

3) http://news.kmib.co.kr/article/view.asp?arcid=0013482084&code=61131111&cp=nv

동 포르노, 테러 선동 등의 불법 게시물 종류를 지정하였습니다. SNS에 불법 게시물이 올라오면 해당 SNS 기업이 24시간 이내에 그 게시물을 삭제하거나 최대 7일 이내에 처리하는 것을 의무화하였습니다. 만약 기업이 이를 어기고 불법 게시물을 처리하지 않을 때는 최대 5,000만 유로의 어마어마한 과태료를 내야 합니다. 이 법률은 2017년 6월에 통과되어 페이스북, 트위터, 인스타그램, 유튜브 등 이용자 수가 200만 명이 넘는 대형 SNS 플랫폼에 적용되고 있습니다. 독일이 이 법률을 시행한 후, 독일의 유튜브는 2018년 1월부터 2019년 6월까지 약 17개월 동안 법률에 위반되는 콘텐츠를 18만 개 이상 삭제 조치하였다고 합니다. 어때요, 이 정도면 국가가 나선 효과가 있는 것 같나요?

'자유, 평등, 박애'의 프랑스도 예외는 없다

독일에 이어 프랑스도 SNS상의 게시물에 대한 법적으로 규제하기 시작합니다. 프랑스는 SNS에 올라오는 혐오 표현 게시물을 이용자들이 신고할 수 있는 장치를 마련하도록 했습니다. 아울러 신고가 접수되면 24시간 이내에 게시물을 삭제하도록 하는 '증오 콘텐츠 의무 삭제법'을 발효하였습니다. 기업이 이를 어기면 최대 125만 유로의 벌금 폭탄이 부과됩니다. 독일의 법률과 다소

비슷한 규제 장치를 갖춘 것입니다.

이뿐만이 아닙니다. 프랑스는 '정보조작투쟁법'을 발효합니다. 이것은 대선 후보자가 선거 3개월 전부터 SNS에 올라오는 허위 정보를 삭제 요청할 수 있도록 하여 후보자를 보호하는 법입니다. 2016년 미국 대선을 타산지석으로 삼은 것이라 볼 수 있지요. 이 법은 대선 기간에 후보자에 대한 정치적 가짜뉴스가 유독 많아지고, 이것이 후보자의 지지율과 당락에 치명적 영향을 주는 것에 대한 강력한 국가 차원의 대응조치라 할 수 있습니다.

큰코다친 미국, 만반의 대비를 한 2020년 대선

2016년 대선 기간에 가짜뉴스로 홍역을 치른 미국도 2020년 대선이 실시되기 전에 가짜뉴스 대비를 철저히 하고자 했습니다. 그중에 SNS에 올라오는 '딥페이크(deep fake)' 영상을 규제하는 법안이 있다는 점에 주목할 필요가 있습니다. '딥페이크 영상'이란 정교한 인공지능 기술을 이용해서 다른 사람의 얼굴에 특정 인물의 얼굴을 합성하여 마치 그 사람의 언행인 것처럼 조작한 영상을 말합니다. 단순히 생각하면 합성 기술을 이용한 영상인 셈이지요. 단순한 합성 영상이나 사진은 꽤 오래전부터 존재해왔는데요, 귀여운 동물인 개와 새를 합성하여 독특한 모습을 한 '개새'

라는 합성사진이 꽤 유명합니다. 합성 기술은 때로는 우리에게 재미를 주기도 합니다.

하지만 이러한 기술이 나쁜 의도로 악용될 때는 상황이 달라집니다. 특히 선거기간에는 주로 후보자들의 얼굴을 이용한 딥페이크 영상이 기승을 부립니다. 미국에서는 딥페이크에 대한 규제 법안을 제정하고, 이에 따라 페이스북이 딥페이크 영상 게시를 금지하기로 했습니다. 그뿐만 아니라, 미국의 사이버사령부(USCC)는 지난 2020년 대선을 앞두고 러시아가 미국의 대선에 개입할 경우, 적극적으로 맞대응하겠다는 의지를 강력히 밝히기도 했었지요. 과거 2016년 대선 때 있었던 러시아의 선거 부정 개입에 따른 대비책이라 할 수 있습니다. 소셜미디어가 정치적으로 이용될 때 그 파급력이 얼마나 무서운지 느껴지죠?

악플 잡는 대한민국

그렇다면 우리나라에서는 어떤 노력이 이루어지고 있을까요? 그동안 몇몇 유명 연예인이 악플에 시달리다 못해 극단적 선택을 하는 안타까운 사건들이 발생했습니다. 이렇게 타인을 비방하고 명예를 훼손하는 악플을 처벌하는 법률이 있습니다. 바로 '정보통신망 이용촉진 및 정보보호 등에 관한 법률(일명 정보통신망법)'

에 속하는 '사이버 명예훼손죄' 처벌 조항입니다.

단, 사이버 명예훼손죄가 적용되려면 세 가지 조건이 충족되어야 합니다. 특정 인물을 가리키는 '특정성'과 개인의 비밀 공간이 아닌 누구나 볼 수 있는 공개된 곳인 '공연성', 그리고 그 내용이 해당 인물의 명예를 훼손하고 모욕하는 것인 '모욕성'이 성립되어야 사이버 명예훼손죄가 적용될 수 있습니다. 설령 악플에 포함된 내용이 허위가 아닌 검증된 사실이라 해도, 온라인에 유포하는 행위는 사실상 한 번 퍼지면 걷잡을 수 없는 전파 행위이므로 해당 인물에게는 돌이킬 수 없는 상처와 폭력이 되는 것입니다. 이렇게 구체적 사실로 명예를 훼손했을 경우, 3년 이하의 징역 또는 3,000만 원 이하의 벌금형을 받게 됩니다. 만일 허위사실로 명예를 훼손하면 그 죄는 훨씬 더 커집니다. 최대 10년 이하의 징역 또는 5,000만 원 이하의 벌금형에 처하지요.

국회에서는 소위 '악플 방지법'이라 불리는 '정보통신망 이용촉진 및 정보보호 등에 관한 법률 개정안'에 대한 발의가 이루어졌습니다. 이 내용은 크게 두 가지로 요약할 수 있습니다. 먼저, 인터넷상에 글을 남길 때에 작성자의 ID와 IP를 모두 공개하도록 하는 '준(準) 인터넷 실명제'입니다. 작성자의 실명을 밝히는 것은 아니지만 ID와 IP를 전체 공개함으로써 이용자의 책임성을 강화하고 가짜뉴스나 악플 등의 확산을 방지하는 데 초점을 둔 것입니다. 또 한 가지는 연예인 등 특정 개인이나 집단에 대해 혐오 및 차별하는 악플은, 당사자가 요청하면 삭제하도록 의무를 부과하는 법안입니다. 이것은 혐오 표현과 허위 정보 등이 담긴 악플이 특정 개인이나 집단에 대한 편견을 형성하고 집단적 증오와 갈등을 조장하기 때문에 이에 대한 규제가 필요하다는 사회적 공감대에 기반한 법안 발의라고 할 수 있습니다.

지휘봉을 든 방송통신심의위원회

텔레비전을 즐겨 보는 사람이라면 꼭 한 번쯤 목격한 장면이 있을 겁니다. 바로 방송사의 사과문입니다. 프로그램 시작 전에 갑자기 낯선 화면과 함께 지난 방송의 내용 중 잘못된 부분이 있어 경고를 받았다는 점을 언급하면서 몇 초간 송출되는 정지화면 말입니다. 그렇다면 누가 방송 내용에서 문제점을 발견하고 이를 '경고'하는 것일까요?

방송통신심의위원회는 방송의 공정성과 공익성을 유지하고 정보통신의 건전하고 올바른 환경을 조성, 유지하기 위해 2008년에 설립된 민간 기구입니다. 방송은 불특정 다수에게 전파되는 것이기 때문에 그 내용의 영향력은 사실상 기하급수적이라 해도 과언이 아니지요. 그래서 방송 내용은 단지 즐거움이나 감동만이 아니라 그 이상의 가치와 기준으로 평가될 수밖에 없습니다. 방송통신심의위원회는 우리나라 방송법에 근거해서 방송 내용을 심의하고 합의를 통해 규제하는 역할을 합니다. 방송이 사회 질서를 저해한다거나 유해 내용을 포함하지는 않았는지 심의하는 것이지요.

우리나라 방송법 제1조에는 "방송의 자유와 독립을 보장하고, 방송의 공적 책임을 높임으로써 시청자의 권익 보호와 민주적 여론형성 및 국민문화의 향상을 도모하고, 방송의 발전과 공공복리의 증진에 이바지함을 목적으로 한다."라고 명시되어 있습니다. 이를 근거로 방송 심의를 위해 만들어진 규정이 바로 '방송 심의 규정'입니다. 방송 심의 규정의 대표적 내용으로 공정성, 객관성, 권리침해금지(사생활 보호, 명예훼손)가 있습니다. 이런 규정에 따라서 방송 내용을 심의하는 것이지요.

과거에 '방송'이라 하면 대부분 텔레비전을 통해 방영되는 프로그램을 생각했지요. 하지만 시대가 바뀌고 정보통신 기술이 발전하면서 인터넷으로 하는 방송이 매우 활발해졌습니다. 그중에서도 특히 개인이 직접 촬영하고 운영하는 1인 방송, 1인 미디어가 급격히 증가했지요. 그런데 1인 방송의 콘텐츠가 불법 도박, 마약, 음란물, 아동 학대, 동물 학대 등 자극적이고 선정적으로 흐르면서 이에 대한 규제가 필요하다는 주장이 꾸준히 제기되었습니다. 이에 따라 방송통신심의위원회는 지난 2018년 '원 스트라이크 아웃제'를 도입했습니다. 인터넷 방송 BJ가 유해 및 불법 콘텐츠를 방송할 경우, 사이트 사업자가 해당 BJ의 방송을 일정 기간 금지하는 등 사업자의 자율규제를 강화하도록 한 것입니다. 또 국민이 직접 방송 및 인터넷, 모바일 등의 유해 콘텐츠에 대한 심의를 신청할 수 있도록 하면서 공정한 심의를 위해 노력하고 있습니다.

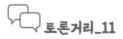 토론거리_11

인터넷이나 SNS에서 사이버 명예훼손죄의 세 가지 조건(특정성, 공연성, 모욕성)이 성립되는 악플을 찾아서 함께 공유해봅시다. 그리고 악플을 받는 사람의 입장이 되어 생각해봅시다.

대화의 수준을 끌어올리는 똑똑이 아이템 5

'방송'도 지켜야 할 선이 있다?

오늘날 TV를 통한 방송이든 인터넷 개인 방송이든 방송 프로그램의 재미를 모르는 사람이 몇이나 될까요? 다양하고 재미있는 콘텐츠로 우리에게 웃음과 위로를 주고, 새로운 소식과 폭넓은 지식 전달로 유익함을 주는 방송 프로그램. 언뜻 생각하면 방송의 세계는 너무나도 자유롭고 무엇이든 담아낼 수 있을 것 같지만, 사실 방송 프로그램이 절대 넘을 수 없는 '선'이 몇 가지 있습니다. 우리나라의 '방송심의규정'에서 중요하게 집고 있는 '방송의 절대 규칙'을 함께 살펴봅시다.

방송의 공정성

방송 심의 규정에서 첫 번째로 등장하는 방송 심의의 일반기준은 '공정성'입니다. 방송의 공정성이란 건 무슨 뜻일까요? 규정 내용을 쉽게 풀어 이해하자면, '진실을 왜곡하지 않는 것'입니다. 사회적 쟁점을 다룰 때, 어느 한쪽으로 치우치지 않고 균형성을 유지하는 것이지요. 특정 개인이나 정당의 주장 및 의견을 마치 사실인 것처럼 오도하지 않도록, 논평과 사실 보도를 명백하게 구분해서 밝히는 것 또한 공정성에 해당합니다. 실제로 공정성 심의 사례는 정치적 이슈와 관련된 것이 많습니다. 사회적 문제에 대해 각기 다른 입장을 가진 여러 정당의 주장을 고루 전달하지 않고 일부 내용만 전달할 경우, 시청자의 판단을 흐리게 할 수 있기 때문입니다. 그렇다면 방송을 제작할 때, 공정성이 잘 지켜졌는지 꼭 확인해야겠지요?

방송의 객관성

방송 심의 규정에서 두 번째로 등장하는 것은 '객관성'입니다. 방송의 객관성은 공정성과 무엇이 다를까요? 방송의 객관성이란 '방송을 정확하고 객관적인 방법으로 제작해서 시청자를 혼동케 하지 않는 것'을 의미합니다. 직접 제작하거나 촬영한 자료가 아닐 때는 그것의 출처를 밝히고, 특히 통계자료나 조사 결과를 전달할 때는 조사기관, 조사 기간, 조사대상 등을 명확히 밝혀 방송 내용의 객관적 정보를 시청자들이 명확히 알 수 있도록 하는 것입니다.

객관성 위반 사례 중에 이러한 사례[4]가 있습니다. 한 취재기자가 자신의 음성을 변조하여 마치 실제 관계자와 인터뷰한 것처럼 방송한 것입니다. 실제로 존재하지 않는 인터뷰를 마치 실제로 진행한 인터뷰인 것처럼 시청자를 착각하게 만들어 방송의 객관성을 위반한 것이죠. 이처럼 방송이 보도한 내용이 오보로 판명되었을 때 그 사실에 대한 정정 방송을 하는 것 또한 방송의 객관성에 포함됩니다.

---

4) 조연하, 〈방송보도의 객관성 심의결정 논리연구〉, 2019.

방송 심의, 꼭 필요할까?

방송은 불특정 다수에게 동시다발로 전파되는 것이기에 국가 차원에서 유해하거나 불법적인 콘텐츠를 규제하는 것은 너무나 당연한 일일 것입니다. 그래서 방송 심의를 위한 독립 기관을 설립하고, 방송 심의 규정을 만들어 규제하는 것은 일리 있어 보입니다. 하지만 이와 동시에 이런 생각도 들 수 있습니다. '그렇다면 방송 심의에 아무런 문제가 없을까?' 방송 심의에 대한 논란은 꾸준히 있었고, 현재까지 이를 반대하는 사람도 꽤 많습니다. 왜일까요? 방송 심의의 문제점, 곧이어 4장에서 함께 살펴보도록 하죠.

n번방 사건의 교훈

2020년 초, 대한민국을 충격과 공포로 몰아넣은 디지털 성범
죄 사건이 있었습니다. 바로 2018년부터 특정 모바일 메신저 어
플을 통해 성 착취 동영상을 제작, 유포해온 이른바 'n번방'의 실
체가 공개된 것입니다. n번방을 운영한 피의자들은 아주 치밀하
게 일반 여성들을 유인하고 협박해 성 착취 동영상을 촬영하고
판매하는 악질적 행위를 일삼았습니다. 심지어 피해 여성 중에는
미성년자도 있어 전 국민을 충격에 빠트렸습니다.

갈수록 기승을 부리는 디지털 성범죄, 심지어 미성년자도 예외는 아니다.

n번방 사건 이후에도 비슷한 수법으로 모방 범죄를 저지르려는 가해자가 여럿 검거되고 있습니다. 성 착취 동영상을 제작해서 판매하는 범죄자의 죄는 말할 것도 없지만, 이러한 영상을 구매하여 시청하고 소유한 수많은 익명의 미디어 이용자들에게도 분명히 윤리적 잘못이 있습니다. 그렇다면 우리나라는 이런 디지털 성범죄를 어떻게 처벌하고 있을까요?

n번방 사건이 세상에 알려지기 시작했을 때, 사건 관련 피의자들을 강력하게 처벌할 수 있는 법적 근거가 약하다는 점이 계속 지적되었습니다. 당시 법에 따르면, 불법 촬영 영상물을 시청한 것만으로는 처벌할 근거가 없었기 때문입니다. 오로지 불법 촬영물을 제작하여 배포한 사람과 그것을 내려받아 또 다른 타인에게 공유하고 유포한 사람만 처벌할 수 있었습니다. 하지만 이 사건은 단순하게 비도덕적인 몇몇 개인이 저지른 범죄로 치부할 수 없을 만큼 규모가 컸고, 사회적으로 미칠 부정적 영향력과 모방범죄의 가능성 또한 심각했습니다. 그래서 n번방 관련자들의 얼굴 및 신상을 모두 공개하고 이와 같은 디지털 성범죄에 대한 처벌을 더욱 강화하라는 등의 국민동의 청원이 진행되기도 했습니다. 해당 국민청원은 무려 500만 명이 넘는 국민이 참여하였으니 국민의 분노가 얼마나 극에 달했는지 가늠할 수 있었습니다. 이

에 대한 답변으로 관련 당국은 '성폭력범죄의 처벌 등에 관한 특례법'에 근거하여 n번방 운영자들의 성명과 나이, 얼굴 사진을 공개하게 되었습니다. 또한 '아동·청소년의 성 보호에 관한 법률(청소년 성 보호법)'이 개정되어 불법 촬영물을 제작, 판매할 뿐만 아니라 개인적으로 소지하기만 해도 최소 징역 5년 이상의 처벌을 받게 되었습니다.

n번방 사건을 통해 몇 가지 교훈을 얻을 수 있습니다. 성 착취 동영상 같은 불법 촬영물을 제작하면 안 된다는 것은 너무나 당연한 얘기이니 접어두도록 하죠. 중요한 건 n번방 사건과 같이 SNS 등의 뉴미디어를 악질적으로 이용하는 사건이 이렇게나 심각해졌다는 점입니다. n번방과 관련된 미디어 사용자는 약 26만 명, 실제 참여자는 3만 명이 넘는 것으로 밝혀졌습니다. 이 정도면 우리 사회의 윤리와 질서를 훼손할 심각한 문제라고 하지 않을 수 없지요.

또 한 가지 교훈은 바로 '규제의 필요성'입니다. n번방 사건이 밝혀졌는데도 관련 피의자들을 강력히 처벌할 수 있는 법적 근거가 약하다는 사실이 알려지자 사람들은 분노하였습니다. 만일 불법 촬영물과 관련된 법이 이보다 더 강력했더라면 범죄를 조금은 예방할 수 있지 않았을까요? 마지막으로 얻을 수 있는 교훈은 '인터넷의 힘'입니다. 정확히 말해 네티즌의 힘이죠. n번방 관련 피의자의 신상을 공개하고 포토라인에 세워 온 국민이 그를 볼 수 있게 해달라는 국민동의 청원에 무려 수백만 명이 참여했습니다. 이 수는 당시 국민동의 청원 게시판의 역대 최다 참여 인원이었습니다. 이제는 시민들이 직접 모여서 시위하지 않고도 인터넷이라는 매체를 통해 공감대를 형성하고 사회를 위한 정의 구현에 힘을 모을 수 있게 된 것입니다. 'n번방 사건'과 '국민동의 청원', 뉴미디어의 두 얼굴이라 생각해볼 수 있겠군요. 우리는 뉴미디어의 어느 쪽 모습을 지켜나가야 할까요?

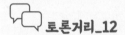 토론거리_12

만약 디지털 범죄를 막기 위해 국가가 SNS에 대한 규제를 강화한다면, n번방 사건과 같은 범죄 예방에 도움이 될까요? n번방 사건 같은 디지털 범죄는 왜 발생하는 걸까요?

대화의 수준을 끌어올리는 똑똑이 아이템 6

미스터리 브라우저, 다크 웹

'다크 웹(dark web)'을 아시나요? 다크 웹은 현존하는 인터넷 브라우저 세계에서 가장 은밀하고 어두운 공간입니다. 그곳에서는 서로 어디서 온 누구인지 절대 알 수 없습니다. IP 주소를 추적할 수 없게 되어 있어서 다크 웹 유저들의 활동 내용이나 이동 경로도 알 수 없습니다. 일반 인터넷 브라우저를 통해서는 다크 웹에 접속할 수 없고, 특수한 브라우저를 통해서만 접속할 수 있죠. 마치 우리 은하계를 넘어 저 멀리 또 다른 은하계가 존재하는 셈이지요. 세상에서 가장 미스터리한 브라우저인 다크 웹, 이곳에서는 과연 무슨 일이 벌어지고 있을까요?

누가 누군지 영원히 알 수 없는 공간, 다크 웹

무한한 자유의 공간

'다크 웹'의 가장 큰 특징은 바로 철저한 익명성입니다. 그 누구도 이용자에 대한 정보를 알 수 없습니다. 이렇게 이용자의 모든 정보를 숨기는 기술은 1990년대 미국에서 '어니언 라우팅(Onion Routing)'이라는 이름으로 등장했습니다. 이 기술이 오픈 소스 라이선스로 공개되고 누구든지 사용할 수 있게 되면서 익명성이 완벽하게 보장되는 특별한 공간, '다크 웹'이 탄생하게 된 것입니다.

다크 웹은 인터넷을 자유롭게 사용하기 어려운 특정 국가나 지역에서 타인의 감시망을 피해 자유롭게 사용하길 원하는 이용자에게 매우 유용한 공간입니다. 정체를 밝히지 않고 시민의 목소리를 자유롭게 낼 수 있다는 장점도 지니고 있습니다. 대표적 예로, 2010년 튀니지에서 부패한 정권에 대한 불만으로 혁명이 일어나자 시위자들이 정부의 눈을 피해 모여 소통한 곳이 바로 다크 웹이었습니다. 그들에게 다크 웹은 시위를 도모하기 위한 정의의 공간이었던 셈입니다. 그런데 문제는 바로 이 익명성이 지닌 '범죄의 유혹'이었습니다.

무법(無法)과 범죄의 공간

이용자의 어떠한 정보도 수집할 수 없다는 사실은 다크 웹 유저들에게 거부할 수 없는 유혹이 되었습니다. 오늘날 다크 웹에 존재하는 수만 개의 사이트는 위에서 언급한 다크 웹의 순기능보다 역기능을 훨씬 더 많이 보여줍니다. 성 착취 관련 콘텐츠는 물론이고 마약, 총기 거래, 해킹, 인신

매매, 심지어 살인 청부까지 온갖 불법 행위와 범죄가 자행되는 위험천만한 공간이 된 것입니다. 다크 웹의 문제점이 세상에 알려지게 된 것은 2013년에 '실크로드'라는 암거래 사이트가 적발되면서였습니다. 이곳에서는 누적 거래 건수 1,500만 건 이상의 마약이 밀거래되었다고 합니다.

우리나라도 다크 웹 범죄의 예외 국가가 아닙니다. 얼마 전 다크 웹에 존재하는 세계 최대의 아동 성 착취물 사이트인 '웰컴투비디오'의 운영자가 바로 대한민국 사람이라는 사실이 알려져 온 국민이 충격에 빠졌습니다. 전 세계 32개 국가의 공조수사 끝에 마침내 찾아낸 '웰컴투비디오'의 운영자는 스물두 살의 평범한 시골 청년이었습니다. 충격적이게도 성인 성 착취물보다 아동 성 착취물이 경제적으로 훨씬 더 높은 수익을 낼 거라는 생각에 아동 성 착취물 사이트를 운영하기 시작했다고 밝혔습니다. 오랜 지인들에 따르면, 그는 초등학생 때부터 해킹을 잘하고 과거에도 각종 불법 사이트를 운영할 만큼 컴퓨터 기술에 능통했다고 합니다. 천부적인 IT 기술력으로 세계 최대의 불법 사이트를 키워낸 것입니다. 훌륭한 능력을 갖춘 그가 가진 문제는 무엇이었을까요? 바로 '인터넷을 올바르게 사용하는 윤리의식'의 결핍이었습니다. 이렇듯 나날이 윤리의식을 잃어가는 네티즌과 나날이 발전하는 기술력이 융합하여 각종 범죄의 온상지가 된 다크 웹. 어쩌면 지금 우리에게 가장 필요한 것이 무엇인지 가르쳐주는 것도 같습니다.

2
소셜미디어
잡는 기업들

　'손뼉도 마주쳐야 소리가 난다.'라는 속담이 있습니다. SNS상의 가짜뉴스와 악플 등에 대해 여러 국가가 법적 규제에 나섰지만, 만약 SNS를 제공하는 기업들이 이를 잘 준수하지 않으면 실효를 기대하긴 어렵습니다. 사실 온라인 기업들도 사기업인 만큼 그들의 최후 목표는 이익을 창출하는 것입니다. 자극적인 허위 정보가 경제 수익으로 연결된다는 것은 공공연한 사실이지요. 인터넷 포털 사이트의 경우, 쟁점이 되는 허위 정보가 실시간 검색어를 차지하면 트래픽(이용량)이 오르면서 수익도 오르게 됩니다. 유튜브 같은 동영상 플랫폼은 영상 조회 수를 올려서 게시자와 기업이 광고 수익을 나눠 가지는 구조입니다. 그렇다 보니 자극적인 허위 정보가 그들에게는 꽤 짭짤한 상품이 되기도 합니다. 그래서 각종 온라인 기업이 자발적으로 규제에 나서는 것은 어려운 일일지도 모릅니다. 그런데도 가짜뉴스의 사회적 파장이 도를 넘은 현재, 기업의 가짜뉴스 퇴치 노력 행보는 이어지고 있습니다. 과연 어떤 노력이 이루어지고 있는지 함께 살펴봅시다.

설욕을 꿈꾸는 페이스북

온갖 가짜뉴스의 온상으로 비난을 많이 받아온 페이스북은 가짜뉴스 퇴치를 위해 적극적으로 노력하고 있습니다. 특히 2016년 미국 대선 기간에 페이스북이 가짜뉴스 확산에 큰 원인이 되었다는 지적을 받으면서, 자체적으로 팩트체크를 위한 기관과 게시물 검증 프로그램을 운영해왔습니다. 페이스북에서 고용한 '팩트체커(fact-checker)'가 가짜뉴스로 판단한 게시물은 뉴스피드에 덜 노출되도록 조처하고 있습니다.[5] 사용자가 가짜뉴스로 의심되는 콘텐츠를 게시하려 하면 경고 메시지가 뜹니다.

하지만 이것만으로는 부족합니다. 그래서 최근에 페이스북은 더욱 강력한 프로그램을 도입할 계획을 밝혔습니다. IT 기술을

---

5) https://blog.naver.com/tech-plus/221741397068

이용하여 가짜뉴스로 의심되는 콘텐츠를 찾아낸 후, 게시자가 과거에도 가짜뉴스를 게시한 적이 있는지 과거 기록까지 추적합니다. 문제의 가짜뉴스 콘텐츠를 '커뮤니티 리뷰어(community reviewer)'에게 보내 그 뉴스의 진위를 확인할 증거와 정보를 찾도록 합니다. 그 후 팩트체커는 리뷰어가 제공하는 정보를 바탕으로 해당 뉴스의 진위를 판단하는 것입니다. 팩트체커뿐만 아니라 리뷰어까지 협력해서 더욱 확실히 가짜뉴스를 가려내 빠르게 조처하려는 이러한 과정은 페이스북의 적극적인 노력으로 보입니다. 이 정도면 페이스북이 가짜뉴스의 온상이라는 불명예를 벗을 수 있을까요?

스트라이크 아웃! 인스타그램과 트위터

사진 공유 SNS의 대표 격인 인스타그램 또한 가짜뉴스 및 유해 게시물에 대한 규제에 나섰습니다. 인스타그램은 인공지능으로 사진이나 동영상을 확인하고 그것이 조작되었다고 판단되면 "잘못된 정보" 또는 "false"라는 경고창이 뜨도록 했습니다.[6] 가짜뉴스 게시물에 대해서는 "거짓 정보"라는 경고창과 함께 다른

---

6) https://blog.naver.com/520dna/221745748110

사람들에게 보여지지 않도록 하고, 같은 콘텐츠를 게시하려는 이용자에게 거짓 정보 공유를 경고합니다. 또 가짜뉴스, 혐오 표현, 따돌림, 테러, 약물 등 유해 콘텐츠를 반복해서 게시하는 이용자의 계정을 강제로 삭제하는 '스트라이트 아웃' 제도를 시행하고 있습니다. 이용자의 계정을 삭제한다는 것은 그들의 고객을 잃어버리는 것과 같은 의미지만, 이보다도 청정한 SNS 환경을 유지하는 것에 훨씬 높은 가치를 둔 것이죠.

트위터 또한 가짜뉴스와 관련해 강력하게 대응하겠다는 의사를 밝혔습니다. 트위터 CEO인 잭 도시(Jack Dorsey)는 "트위터나 다른 소셜미디어가 부정적으로 이용되는 것에 대해 굉장히 안타

깝게 생각한다."라면서 "트위터가 익명성을 보장한다고 해서 아무 말이나 할 수 있도록 해주는 것은 아니다."라고 한 인터뷰에서 밝힌 바 있습니다. 그렇기에 인공지능을 이용해서 가짜뉴스를 파악하고 이를 방지하기 위해 총력을 기울이고 있다고 덧붙였습니다. 트위터는 현재 가짜뉴스뿐만 아니라 유해하거나 문제가 있다고 판단되는 콘텐츠에 '민감한 콘텐츠'라는 경고창을 띄우며 트위터 이용자들을 보호하는 조치를 합니다. 간혹 문제가 없는 콘텐츠에 '민감한 콘텐츠'라는 경고창이 떠서 이용자들이 불편을 겪기도 하는데요, 이런 경우에는 이용자가 스스로 그 설정을 해제할 수도 있습니다.

뉴스의 투명성을 지킨다, 네이버

국내 대표 온라인 포털 사이트 중 하나인 네이버는 2018년에 댓글 서비스에 대한 개선안을 발표했습니다. 특정 뉴스 기사에 대한 과도한 댓글 행위를 방지하기 위해 한 번 댓글을 달면 60초 동안 댓글을 달 수 없도록 했습니다. 또 하나의 계정으로 누를 수 있는 '공감' 또는 '비공감'의 개수도 24시간 동안 최대 50개로 제한했습니다. 반복성 댓글에 대해서도 제재하고 있습니다. 이것은 모두 온라인 언론 뉴스의 투명성을 보호하기 위한 노력이라고 할 수 있지요.

인터넷 기사에 달리는 댓글에 대한 개선책은 그 후에도 계속 이루어지고 있습니다. 2020년 3월에는 연예인에 관한 기사의 댓글 기능을 아예 폐지했습니다. 아무도 댓글을 달 수 없게 된 것이지요. 아무래도 연예인에 대한 비방 댓글이 워낙 많고, 순기능보다 부작용이 많기 때문입니다. 최근에는 스포츠 분야의 운동선수에 대한 온갖 루머와 악플이 문제가 되면서 네이버와 다음카카오, 네이트 모두 스포츠 기사의 댓글 기능을 잠정 폐지한다고 밝혔습니다. 물론 댓글 폐지 조치가 잇따르면서 온라인에서의 의사소통과 표현의 자유를 봉쇄한다는 비판적 견해도 있습니다. 하지만 악플의 당사자가 일상생활을 정상적으로 할 수 없을 정도로 심각한 정신적 상처를 입는 등 댓글에 순기능보다 역기능이 더 많다는 점에 대해 많은 네티즌이 공감하고 있습니다. 따라서 이 포털 사이트들은 당분간 댓글 기능을 중단한 뒤, 그동안의 악플 유형과 특징을 분석하여 이를 식별해내고 제어하는 더 강력한 기술과 서비스를 개발하겠다고 밝혔습니다.

네이버는 악성 댓글 차단을 위해 또 한 가지 묘수를 두었습니다. 댓글 작성자의 댓글 이력과 닉네임을 공개하는 것입니다. 댓글 작성자의 아이디를 클릭하면 그 사람이 그동안 작성한 모든 댓글을 확인할 수 있고, 그의 활동명(닉네임)도 알 수 있습니다.

그동안 그가 받은 공감 또는 비공감이 얼마나 되는지도 알 수 있지요. 이러한 공개 정책을 내놓은 지 몇 개월이 흐른 지금, 그 효과는 꽤 주목할 만합니다. 네이버는 개편 이전인 2020년 1월 대비 개편 이후인 2020년 6월에 규정 위반으로 삭제된 악성 댓글 건수가 60% 이상 줄었다고 밝혔습니다. 또 댓글 이력을 볼 수 있게 되자, 그동안 작성한 댓글을 자진삭제한 건수가 대폭 증가하였다고 합니다. 즉 자신이 공개된다는 점이 더욱 조심스럽게 댓글을 작성하게 하는 효과를 가져온 것입니다. 물론 이 정책에 문제점이 없는 것은 아닙니다. 댓글을 작성하는 행위 자체가 줄어든다는 것은 표현의 자유가 줄어들고 의사소통이 줄어든다는 부정적 면도 있기 때문입니다. 그러나 악성 댓글을 퇴치하기 위한 이러한 노력에는 주목할 필요가 있습니다.

최근에 네이버는 지난 16년간 제공해온 '급상승(실시간) 검색어' 기능을 폐지하겠다고 밝히기도 했습니다. 그동안 네이버는 실시간 검색어 기능이 특정 브랜드의 광고 및 홍보를 위해 악용된다는 의혹과 특정 인물에 대한 사생활 침해, 명예훼손, 거짓 정보 유포 등의 문제점을 유발한다는 비판을 많이 받아왔습니다. 이러한 부작용을 개선하고 각 이용자에게 더욱 유의미한 실시간 검색어 기능을 제공하기 위해 지난 2019년에는 인공지능 추천 시스템인 '리요'를 도입하기도 했습니다. 하지만 포털 사이트에서 제공하는 검색어보다는 자신의 관심사와 필요에 맞추어 능동적으로 정보를 소비하고자 하는 최근의 트렌드를 따라 실시간 검색어 기능을 폐지하기로 결정한 것입니다.

토론거리_13

연예인 기사에 댓글 기능을 없애고, 댓글 이력과 닉네임을 공개하도록 한 네이버의 정책에 대해 어떻게 생각하나요? 악플 방지를 위한 또 다른 아이디어가 있다면 함께 공유해봅시다.

규제냐 자유냐,
그것이 문제로다!

1
소셜미디어는
잘못이 없어요!

말썽꾼이 되어버린 소셜미디어를 규제하겠다고 팔 걷어붙이고 나선 여러 국가와 기업. 진정 소셜미디어는 규제하고, 없어져야 할 말썽꾼일까요? 그렇지 않습니다. 본래 소셜미디어는 '미디어'가 존재하는 의미와 가치를 잘 실현한 결과물입니다. 이제 선한 영향력을 발휘하는 멋진 소셜미디어의 모습을 들여다보고, 소셜미디어가 규제될 때 어떤 문제점이 있을지 생각해봅시다.

꼬마 배트맨이 되다

지난 2013년 11월 미국 샌프란시스코에서는 듣기만 해도 마음

이 따뜻해지는 이벤트가 있었습니다. 난치병 아동의 소원을 들어주는 재단인 '메이크 어 위시(Make A Wish)'에서 하루 동안 진행한 '배트 키드(Bat Kid)' 이벤트입니다. 이는 생후 18개월부터 백혈병을 앓는 다섯 살 아이 스캇 마일스의 소원, '단 하루라도 배트맨으로 살아보는 것'을 이뤄주는 이벤트였습니다. 재단은 이 이벤트를 위해 자원봉사자를 모집했고, 1만 5,000명에 달하는 시민과 경찰, 공무원 등 자원봉사자가 이 이벤트에 참여하게 되었습니다.

11월 15일, 자원봉사에 나선 경찰서장이 지역뉴스 채널을 통해 '배트 키드'에게 도움을 청하는 메시지를 던지면서 영화 같은 이야기는 시작됩니다. 배트 키드가 된 꼬마 스캇 마일스는 배트 카(배트맨이 타는 자동차)를 타고 도심에 등장하여 악당으로 분장한 자원봉사자들을 잡아 체포합니다. 그리고 폭탄에 묶여 있던 인질 여성(마찬가지로 자원봉사자)이 탈출하도록 돕습니다. 그뿐만 아니라, 당시 대통령이던 오바마도 SNS를 통해 "훌륭하다, 마일스. 고담시(배트맨이 활약하는 가상의 도시)를 구하라!"라는 영상을 올려서 이 이벤트에 뜨겁게 호응했습니다.

이 사랑스럽고 감동적인 이벤트 현장은 각종 SNS로 전 세계에 실시간으로 전파되었습니다. 그 결과, 단 하루 만에 40만 건 이상의 트윗과 2만 건 이상의 포스팅이 인스타그램과 트위터에 올라왔습니다. 미국의 샌프란시스코 일대에서 단 하루 동안 진행한 짧은 이벤트였지만, 이 따뜻한 사연은 전 세계에 실시간으로 퍼져 수많은 사람에게 감동과 용기와 희망을 줄 수 있었습니다.

SNS가 만들어 낸 챌린지

몇 년 전 페이스북에서 화제가 된 '아이스 버킷 챌린지(Ice Bucket Challenge)'를 아시나요? 아이스 버킷 챌린지는 루게릭병이라 불리는 근위축성측삭경화증을 앓는 환자에 관한 관심을 환기하고, 치료에 도움을 주기 위해 시작된 릴레이 기부 캠페인입니다. SNS에서 이 캠페인 참여자로 지목된 사람은 24시간 이내에 얼음물을 뒤집어쓰거나 루게릭병 협회에 100달러를 기부해야 합니다(암묵적인 규칙입니다). 얼음물을 뒤집어쓰는 것은 근육이 수축하는 루게릭병을 앓는 환자의 고통을 잠시나마 함께 느껴보자는 취지였습니다. 이 캠페인은 루게릭병을 앓는 20대 후반 청년의 아이디어로 시작된 후 소셜미디어에서 급속도로 확산하기 시작됐습니다. 그렇게 소셜미디어를 통해 미국 전역에 퍼져나가 운동선수, 연예인 등 유명인사는 물론이고 정치인과 일반 시민까지, 참여자로 지목받은 수많은 사람이 동참하며 널리 알려지게 되었습니다.

미국 루게릭병 협회는 이 캠페인을 통해 약 1억 1,500만 달러

(약 1,305억 원)를 모금했다고 밝혔습니다. 이 기부액은 환자 지원, 전문 인력 양성, 루게릭병 치료를 위한 연구비 등으로 사용되었습니다. 지난 2016년 뉴욕타임스는 아이스 버킷 챌린지 기부액으로 진행된 연구에서 루게릭병 연관 유전자를 새롭게 발견하는 유의미한 성과를 얻었다고 밝혔습니다. SNS가 없었다면 이렇게 짧은 시간 내에 1,000억 원이 넘는 기부금과 수많은 사람의 관심을 끌 수 있었을까요?

이 아름다운 기적은 비단 미국 내에서만 일어난 것이 아닙니다. 국내에서도 아이스 버킷 챌린지가 이어졌는데요, 2018년에 유명 힙합 가수 '션'이 국내 루게릭병 요양병원 설립을 목표로 승일희망재단에 기부금을 모금하는 활동을 시작하여 뜨거운 호응과 관심을 일으키기도 했습니다.

그 후 좋은 취지를 가진 다양한 챌린지가 지금도 계속 SNS를 통해 이어지고 있습니다. 2020년 초에는 코로나19가 확산하면서 열악한 의료 환경에서도 매일 온 힘을 다해 환자들을 치료하고 있는 의료진들을 위한 '덕분에 챌린지'가 등장했습니다. 의료진에 대한 고마움을 표현하는 수어를 사진이나 영상에 담아 #의료진덕분에 #덕분에챌린지 #덕분에캠페인 등의 해시태그와 함께 SNS에 올리는 것입니다. 문재인 대통령을 포함한 국내외 많은 유명인사가 이 캠페인에 참여했습니다. 이 챌린지는 의료진에 대한 감사를 표현하는 본래 목적만이 아니라 코로나19로 인한 팬데믹 상황에 대한 네티즌의 공감대와 인식도 키울 수 있었다는 점에서 큰 의미를 가진 캠페인이었습니다.

SNS, 피해자의 목소리가 되다

미투 운동은 2017년 말 미국에서 시작된, 소셜미디어를 통한 성범죄 고발 캠페인입니다. 자신이 겪은 성폭행이나 성희롱을 소셜미디어에 'Me too'라는 해시태그와 함께 올림으로써 가해자를 사회에 고발하고 직장이나 조직 내 성범죄의 심각성을 널리 알리는 취지의 캠페인입니다. 이는 미국 할리우드의 한 영화 제작자가 지난 30여 년간 다수의 여성을 성희롱한 사실이 세상에 폭로되면서 시작되었습니다. 미국의 영화배우 알리사 밀라노가 "성희롱이나 성폭행을 당한 적 있는 여성들이라면 Me too 해시태그를 써주길 바란다."라는 격려의 메시지를 전 세계에 던졌고, 이에 수많은 피해 여성들이 참여하기 시작했습니다.

미투 운동의 파급력은 실로 어마어마했습니다. 알리사 밀라노의 메시지 이후 #MeToo 게시글은 24시간 안에 50만 건 이상이 올라왔습니다. 전 세계의 수많은 피해 여성은 부당한 피해를 보고도 사회적, 조직적으로 불리한 지위 때문에 숨길 수밖에 없었던 고통을 함께 나누며 공감하게 되었습니다. 심지어 미투 운동 참여자 중에는 미성년자도 있었습니다. 미투 운동 이후 미국 할리우드 여배우들과 작가, 감독이 모여 직장 내 성폭력과 성차별 문제 해소를 위해 '타임즈 업(Time's Up)'이라는 공공단체를 결성하기에 이릅니다. 국내에서도 미투 운동 열풍으로 피해 여성들의 사회적 고발이 이어졌고, 직장 내 성범죄와 성차별 문제에 대한 심각성이 사회에 알려졌습니다. SNS가 그동안 목소리를 낼 수 없던 피해자들에게 마음 놓고 토로할 기회를 열어준 셈입니다.

SNS을 통한 사회적 고발, 미투 운동

2020년 초에는 인종차별과 관련한 '블랙 아웃 화요일(Blackout

Tuesday)' 캠페인이 SNS에 등장했습니다. 이 캠페인은 미국의 한 흑인 남성이 백인 경찰의 과잉 진압으로 목이 졸려 숨진 사건으로 인해 시작되었습니다. 사건의 정황상 흑인 남성은 손에 수갑이 채워져 있고 위협적인 행동을 한 것이 아닌데도 땅바닥에 엎드린 채 경찰 무릎에 목이 졸려 사망한 것입니다. 그 상황을 목격한 누군가가 이를 촬영하여 전 세계에 알렸습니다. 이 사건은 명백한 인종차별이기에 수많은 미국인이 분노를 표출하게 됩니다. 그 후 인종차별 반대 시위가 진행되는 과정에서 약탈, 폭동 등 부정적 양상이 나타나 비판을 받기도 했습니다. 하지만 그토록 뿌리 깊은 인종차별 문제가 전 세계로 알려지고, 전 세계인의 캠페인 동참을 이끈 것은 바로 SNS였습니다. 인종차별에 반대하는 수많은 사람은 'Blackout Tuesday'라는 해시태그를 그들의 SNS에 올리며 캠페인에 참여하였습니다. SNS는 이제 단순히 개인의 일상을 공유하고 소통하는 공간만이 아닙니다. 사회적, 국제적 이슈를 지구촌이 다 함께 공론화할 수 있는 공간이 되는 것입니다.

'아랍의 봄'을 이끈 SNS

지난 2010년 말, 튀니지에서 스물여섯 살 젊은 청년 무함마드 부아지지가 분신자살하는 사건이 일어납니다. 그는 공부를 열심히 해서 대학까지 졸업했지만, 튀니지의 극심한 실업난으로 인해 번듯한 직장을 구하지 못한 채 과일 노점상으로 생계를 이어가고 있었습니다. 그런데 어느 날, 경찰은 그의 노점이 허가받지 않았다는 이유로 강제로 철거하고 그를 구타했습니다. 이에 무함마드 부아지지가 처절한 항거의 뜻으로 자신의 몸에 불을 붙였습니다. 무함마드 부아지지의 분신 사건은 공권력에 의해 은폐되어 조용히 잊힐 수도 있었습니다. 그렇지만 그의 안타까운 사건이 튀니지 전역에 이어 전 세계에 알려지도록 힘을 실어준 것은 바로 SNS였습니다.

당시 튀니지는 오랜 독재 정권에 의한 정치적 억압과 궁핍한 삶, 지도자의 부정부패로 불만이 고조되고 있었습니다. SNS를 타고 퍼진 이 사건은 그동안 독재와 부패 정권에 불만을 품었던 튀니지 시민들이 반(反)독재 시위에 나서게 한 도화선이 되었습니다. 독재 정권 아래 민주화를 꿈꾸던 그들의 소망이 SNS를 통해 조직화하여 대규모 시위로 실현된 것입니다. 이렇게 시작된 튀니지의 정권 퇴진 운동은 SNS를 통해 실시간으로 전 세계에 보도되었고, 대통령 제인 엘아비디네 벤 알리(Zine el Abidine Ben Ali)가 사우디아라비아로 도주하면서 23년간의 긴 독재 정권이 종지부를 찍게 됩니다. 사람들은 이 시위를 튀니지의 국화인 재스민을 붙여 '재스민 혁명'이라 부르게 됩니다.

SNS를 통해 튀니지의 민주화 운동을 지켜본 많은 이집트 청년은 용기와 희망을 얻습니다. 약 30년간 호스니 무바라크(Hosni Mubarak) 대통령의 철권통치 아래 있던 이집트 청년들은 페이스북을 통해 집회를 제안합니다. 놀랍게도 이 제안에 참여 의사를 밝힌 이집트 시민은 8만 5,000명이 넘었습니다. 이렇게 시작된 이집트의 반정부 시위는 18일간 지속되었고, SNS를 통해 시위의 진행 상황이나 정보 등이 공유되었습니다. 그들은 결국 대통령의 자진 하야를 이끕니다. 오랜 독재 정권하의 억압된 삶에 대한 불만과 민주화에 대한 갈망이 SNS를 통해 튀니지와 이집트 시민들을 하나로 뭉치게 했습니다. 그 후 튀니지와 이집트의 상황이 아주 좋아졌다고 말할 순 없습니다. 체제와 이념을 바꾸고 '민주화'를 완성하는 것은 정말 어려운 일이기 때문입니다. 하지만 적어도 시민들이 그들의 목소리를 낼 자유를 얻은 것은 틀림없습니다. 그들에게 SNS가 없었다면 이 변화가 가능했을까요?

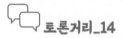 **토론거리_14**

아이스 버킷 챌린지나 미투 운동처럼 소셜미디어를 유익한 방법으로 활용할 수 있는 방안을 생각해봅시다. 예) 환경보호를 위해 분리수거하는 모습을 해시태그 해서 올리기

대화의 수준을 끌어올리는 똑똑이 아이템 7

SNS를 통한 사회 운동의 명과 암

여러분도 알다시피 SNS는 일반 시민이 자유롭게 목소리를 낼 수 있는 공간입니다. SNS의 이러한 특성 덕분에 우리는 과거에 비해 훨씬 더 쉽고 빠르게 정치와 사회에 참여할 수 있게 되었습니다. 우리가 함께 살펴본 튀니지의 재스민 혁명과 이집트의 반정부 시위는 SNS가 이끈 시민 참여의 결과물이라 할 수 있죠. 하지만 SNS를 통한 시민의 사회 참여가 항상 혁명이나 시위 같은 적극적 행동으로 이어지는 것은 아닙니다. SNS로 인해 변화한 시민들의 사회 참여 양상을 함께 살펴봅시다.

손가락으로 표현하는 클릭티비즘

'클릭티비즘(clicktivism)'은 '클릭(click)'과 '행동주의(activism)'가 합쳐진 합성어로 마우스 클릭으로 찬성 또는 반대, 공감 또는 비공감, 좋아요를 누르는 행위로 자기 의견을 표현하는 현상을 가리킵니다. '클릭티비즘'이라는 신조어를 통해 뉴미디어 시대에 시민들의 사회 참여 형태가 변화했음을 직감할 수 있습니다. 과거에는 자기 의견과 생각을 표현하고 알릴 수 있는 수단이나 방법이 매우 한정적이었습니다. 직접 글을 써서 언론에 기고하거나 연설하는 등 적극적으로 행동하지 않으면 어려운 일이었죠. 하지만 뉴미디어가 일상화되면서 간단한 클릭 한 번만으로도 의견을 표현하고 수렴하는 것이 아주 수월해졌습니다. 대표적인 예로 청와대가 직접 운영 및 관리하는 '국민동의 청원 게시판'이 있습니다. 국민이라면 누구나 자신의 의견을 쓸 수 있고, 그 의견에 동의하는 사람들은 간단한 본인 인증만으로 '동의합니다'라는 의견을 표현할 수 있습니다. 동의하는 사람이 일정 수를 넘으면 청와대는 그 내용을 접수하여 확인하고 응답하게 됩니다. 이것이 바로 클릭티비즘입니다. 클릭 한 번으로 사회의 다방면에 손쉽게 참여할 수 있는 것, 바로 뉴미디어 시대이기에 가능한 일입니다.

손가락만 움직이는 슬랙티비즘

'슬랙티비즘(slacktivism)'은 게으름뱅이라는 뜻을 가진 '슬랙(slack)'과 '행동주의(activism)'가 합쳐진 합성어입니다. 슬랙티비즘은 클릭티비즘처럼 클릭 한 번으로 사회에 참여하는 형태를 '지극히 소극적이고 비지속적인 형태'라고 꼬집습니다. 즉 시민들의 사회 참여가 적극적이고 지속적인 행동으로 이어지기보다는 단순히 클릭을 통해 공감 또는 비공감을 표현하는 것에 그치는 것을 부정적으로 보는 시각입니다. 과거와 비교해서 온라인으로 의견을 공유하는 것이 수월해졌지만, 그만큼 우리의 머릿속에서 빠르게 잊히고 집단의 행동력이 쉽게 와해되기도 하는 게 사실입니다. 하지만 자신은 '클릭'을 통해 사회의 정의와 선을 위해 성의를 다했다고 생각하는 것이죠. 슬랙티비즘은 바로 이런 현상을 맹렬히 꼬집는 목소리라 할 수 있습니다. 동전의 양면과도 같은 클릭티비즘과 슬랙티비즘. 여러분은 어떻게 생각하나요?

2
미디어 규제가 가진
더 큰 문제들

앞서 3장에서는 국가와 기업의 미디어 규제를 살펴보았습니다. 온갖 가짜뉴스와 악플, 혐오 표현, 범죄의 온상지가 되어버린 소셜미디어를 법으로 규제해서 유해 게시물을 차단하겠다는 것이 취지였죠. 하지만 이러한 미디어 규제에 반대하는 목소리도 만만치 않습니다. 왜 그럴까요? 국제적 말썽꾼이 되어버린 소셜미디어, 당연히 규제가 필요한 것이 아닌가요?

만약 여러분의 SNS를 국가나 기업이 낱낱이 살펴보고 조금이라도 잘못된 게시물을 올리면 곧장 '경고'하는 상황 속에 처한다고 생각해봅시다. 여러분은 SNS를 지금처럼 자유롭게 이용할 수 있을까요? 절대 그렇지 못할 겁니다. 사실 미디어 규제에는 '표현의 자유'를 억압할 가능성이 웅크리고 있습니다. 아무리 잘 정제된 규칙에 따라 규제를 시행한다 해도, 어떤 내용은 허용되고 어떤 내용은 어긋나는지를 누가 결정하나요? 바로 규제를 시행하는 쪽입니다. 규제 행위 자체가 과연 완벽하게 객관적일 수 있느냐는 것이 미디어 규제를 반대하는 쪽의 입장입니다. 이러한 규제가 지속되어 강화할 경우, 과거 독재 정권 시절처럼 언론과 미디어를 억압하고 검열하고 감시하는 행위가 버젓이 일어날 수도 있다는 것입니다. 그렇다면 미디어 규제, 마냥 찬성하고 환영할 일은 아니겠죠?

인터넷 실명제는 해결책인가 자승자박인가

미디어가 지닌 가장 본질적 가치 중 하나는 '표현의 자유'입니다. 우리는 미디어를 통해 우리가 하고자 하는 말을 자유롭게 표현할 수 있습니다. 인터넷에서 우리가 가진 '표현의 자유'를 지켜 주는 장치 중 하나가 바로 '익명성'입니다. 내가 누구인지 밝히지 않고도 내 의견을 당당히 표현할 수 있다는 점이 아주 큰 장점이죠. 하지만 점차 인터넷이 지나친 욕설, 비난, 혐오 표현으로 물들게 되면서 작성자가 누구인지 밝혀야 한다는 주장이 제기되었습니다. 그래서 2004년에 우리나라는 선거기간에 자신의 주민등록번호와 실명을 인증한 사람만 인터넷 언론사 게시판에 글을 쓸 수 있도록 제한하는 제도를 만들기도 했습니다. 2007년에는 '제한적 본인 확인제'라는 이름으로 일일 평균 이용자 수가 20만 명 이상인 포털 사이트는 본인 인증을 한 후 글을 남길 수 있게 하는 제도가 시행되기도 하였습니다.

하지만 이 두 제도 모두 현재는 폐지되었습니다. 왜일까요? 2012년 헌법재판소가 인터넷 실명제에 대해 "표현의 자유 중에 자신이 누구인지 밝히지 않고 익명으로 자신의 사상이나 견해를 나타내는 익명 표현의 자유를 제한한다."라며 위헌 결정을 내렸기 때문입니다. 국민의 정치 비판과 표현의 자유를 억압한다는 것입니다. '미디어 규제'에 대해서 대한민국 헌법에 보장된 '표현의 자유'가 승리한 셈이죠.

그런데 2019년에 무차별적 악플로 고통받던 연예인들이 자살하는 안타까운 사건이 연이어 발생합니다. 그러자 인터넷 실명제를 통해 미디어를 규제해야 한다는 목소리가 다시금 커지기 시작했습니다. 2019년 10월 리얼미터가 발표한 국민 여론 조사 결과에 따르면, 국민 10명 중 7명에 해당하는 과반수가 온라인 댓글 실명제 도입에 찬성하는 것으로 나타났습니다. 10여 년 전만 해도 반대의 목소리가 더 컸는데 말이죠. 그만큼 인터넷 환경이 심각하게 오염되었음을 네티즌들도 실감하는 것입니다.

2019년 말, 소위 '악플 방지법'이라 불리는 '정보통신망 이용 촉진 및 정보보호 등에 관한 법률'의 개정안이 발표됩니다. 주요 내용은 앞서 3장에서 함께 살펴보았지만, 대표적으로 게시글 작성자의 ID와 IP를 공개하는 '준(準) 인터넷 실명제'이지요. 하지만 개인정보를 공개함으로써 악플을 방지하는 것 자체가 모든 네티즌을 잠재적 범죄자로 취급한다고 간주할 수 있습니다. 그래서 인터넷 실명제는 섣불리 추진할 수 없는, 아주 조심스러운 선택일 수밖에 없습니다. 표현의 자유는 헌법에서도 보장하는 우리 모두의 권리이기 때문이죠. 여러분은 어떻게 생각하나요? 인터넷 실명제, 과연 '악플'을 없애게 될까요? 아니면 '표현의 자유'를 없애고 자승자박하는 걸까요?

💬 토론거리_15

인터넷 실명제에 대한 자기 생각을 공유해봅시다. 인터넷 댓글 시스템을 폐지하거나 실명제를 사용하지 않고도 악플을 방지할 수 있는 아이디어를 생각해봅시다.

'방송 심의'를 심의해볼까?

'방송통신심의위원회'를 기억하시나요? 앞서 3장에서 방송의 공정성과 공익성을 유지하고 건전한 정보통신 환경을 만들기 위해 설립된 '방송통신심의위원회'에 관해 함께 알아보았죠. 방송 심의의 기준이 되는 '방송법'과 '방송심의규정'에 대해서도 살펴보았습니다. 방송의 빠른 전파력을 생각한다면, 유해하고 불법적인 콘텐츠가 함부로 전파되지 않도록 심의하는 작업은 필요할지도 모릅니다. 하지만 이와 동시에 우리가 잊지 않아야 할 권리가 하나 있습니다. 바로 헌법이 보장하는 '방송의 자유'입니다. 우리 헌법의 제21조 제1항에는 "모든 국민은 언론·출판의 자유와 집회·결사의 자유를 가진다."라고 명시되어 있습니다. 대한민국 헌법 아래, 우리는 자기 사상과 의견을 자유롭게 주고받을 수 있는 '민주시민'입니다. 언론의 자유는 민주주의에서 필수 불가결한 요소입니다. 그런데 언론의 최대 매체라 할 수 있는 방송을 심의하고 규제하다니, 뭔가 좀 불편하지 않나요?

방송 심의에 대한 문제점은 꾸준히 제기되어 왔습니다. 주로 언급되는 문제점은 심의의 대상과 범위가 매우 자의적이고 일관적이지 않다는 점, 기준이 명확하지 않다는 점, 정치 분야에서 온전히 중립적이기 어렵다는 점 등입니다. 이미 여러 연구와 보고

서에서 방송 심의 결과와 제재 수위가 일관되지 않고 기준이 명확하지 않은 사례에 대해서 꼬집고 있습니다. 공주대학교 법학과 권형둔 교수는 2014년 자신의 논문에서 방송의 공정성 심의와 관련한 구체적인 사례를 들었습니다.[7] 방송통신심의위원회는 한 방송 채널에서 정치 이슈에 대해 반대 의견을 가진 사람만 출연시킨 점에 대해 중징계를 내렸습니다. 아울러 다른 방송 채널에서 특정 지역 자치단체장을 종북 성향이라 발언해서 논란을 빚은 인물을 출연시킨 점에 대해서는 가장 낮은 수준의 징계를 내렸습니다. 그런데 이 두 가지 심의 사례에서 제재의 수위가 이토록 차이 나는 이유에 대해 시청자들이 이해할 만한 명쾌한 근거가 없다는 것이죠.

방송 심의의 또 다른 문제점은 언론이 위축된다는 점입니다. 특히 정치와 관련한 방송에서 방송심의규정 중 '공정성' 위반에 대한 제재가 많다 보니, 방송사에서 애초에 논쟁이 될 소재를 회피하고 다루지 않게 된다는 것입니다. 굳이 방송 심의를 받아 가면서 예민하고 까탈스러운 이슈를 방송에 내보내고 싶진 않을 테니까요. 이런 현상은 결국 시청자의 알 권리도 위축되는 결과를 초래하게 됩니다. 그래서 미국은 이미 지난 1987년, '공정성'에 대

---

7) 권형둔, 〈방송의 공정성에 대한 헌법이론과 법제도 개선방안〉, 2014.

한 방송 심의를 폐지했습니다. '방송의 공정성'이 가진 본래의 취지와 달리, 방송사에서 아예 공정성 논란이 될 이슈를 다루지 않는 부작용이 나타났기 때문이지요.

　물론 방송통신심의위원회는 이런 방송 심의의 문제점을 개선하기 위해 꾸준히 노력하고 있습니다. 소속 위원만이 심의에 참여하는 것이 아니라 국민이 직접 심의를 신청할 수도 있습니다. 인터넷 방송은 기업에서 자체적으로 규제하도록 촉구하고 있습니다. 하지만 방송 심의에 대한 불편한 시선은 여전히 존재합니다. 여러분은 방송 심의를 어떻게 생각하나요?

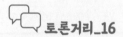 토론거리_16
방송 심의가 필요한 이유와 폐지되어야 하는 이유를 함께 이야기해보고, 자신의 생각을 정리해봅시다.

대화의 수준을 끌어올리는 똑똑이 아이템 8

존 밀턴이 말하는 '사상의 자유'

대한민국 헌법 제1조는 대한민국이 민주주의 국가임을 명시합니다. 그렇다면 민주주의란 무엇일까요? 민주주의는 국민이 주권을 가지고 그 권력을 직접 행사할 수 있는 것을 의미합니다. 그렇다면 국민인 우리가 권력을 자유롭게 행사하려면 무엇이 보장되어야 할까요? 바로 '사상의 자유'가 보장되어야 합니다. 사상의 자유란 자기 주관으로 자유롭게 생각하며 자기만의 가치관과 세계관을 가질 권리입니다. 만일 국가와 같은 거대 조직이 자유롭게 생각할 자유를 빼앗는다면 어떤 일이 생길까요? 국가가 원하는 방향으로만 사고하게 되고, 국민이 자기 권력을 마음껏 행사할 수 없겠지요. 결국 민주주의가 실현될 수 없는 것입니다.

영국의 위대한 시인이자 사상가인 존 밀턴(John Milton, 1608~1674)은 1644년 저서 《아레오파지티카(Areopagitica)》에서 '사상의 자유 시장'을 주장하였습니다. 민주주의의 원동력이라 할 수 있는 사상의 자유에 대한 존 밀턴의 주장에 함께 귀 기울여 봅시다.

아레오파지티카

존 밀턴이 《아레오파지티카》를 쓰게 된 계기는 당시 영국 사회와 관련이 있습니다. 영국 의회에서 권력의 수단으로써 출판에 대한 사전 검열을 거치고 '출판 허가제'를 실시하려 한 것입니다. 출판 허가제를 도입한다는 것은, 다시 말하면 허가받지 못한 서적은 출판할 수 없다는 걸 의미합니다. 이에 대해 존 밀턴은 비판과 항의의 목소리를 담아 《아레오파지티카》를 쓴 것입니다. 그는 이 책에서 표현의 자유와 사상의 자유, 나아가 언론의 자유를 강력하게 주장하고 있는데요, 이로 인해 오늘날의 민주주의와 언론이 추구하는 핵심 가치를 뒷받침하는 필독서가 되었습니다.

존 밀턴

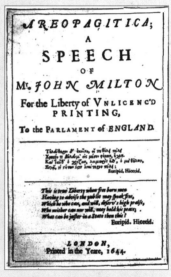

《아레오파지티카》 초판본 표지

진실과 거짓의 대결

존 밀턴은 진실이든 거짓이든 모든 사상을 자유롭게 표현하고 서로 대결시킬 때, 진실이 거짓을 이기고 살아남을 수 있다고 주장하였습니다. 어떠한 의견이든지 '사상의 자유 시장'이라는 공개된 장소에서 자유롭게 경쟁할 때 비로소 진실은 진실로, 거짓은 거짓으로 드러난다는 것이죠. 이렇듯 표현과 사상의 자유를 호소한 그는 "나에게 그 어떤 자유보다도 양심에 따라 자유롭게 알고, 말하고, 주장할 수 있는 자유를 달라."라는 명언을 남기기도 했습니다.

그는 또 영국 의회가 도입하려는 출판 허가제도 맹렬히 비판했습니다. 현실적으로 완벽하게 오류 하나 없는 검열이란 있을 수 없으며, 자유롭고 다양한 출판을 막음으로써 독자들의 지적 수준이 발전하는 데 방해만 될 뿐이라 꼬집었습니다. 엄격한 검열과 규제는 글을 쓰려는 학자와 작가에게도 엄청난 좌절감과 두려움을 안겨준다는 것입니다. 그래서 그는 "독서를 규제하는 것은 천사를 가장한 악마가 하는 짓이다."라고 주장하였습니다. 그렇다면 400년이 지난 오늘날은 어떤가요? '천사를 가장한 악마'의 규제 없이 표현의 자유를 보장받을 수 있을까요? 우리가 가진 사상의 자유를 어떻게 지킬 수 있을까요?

3
디지털 빅 브러더
현상

"만일 당신이 서류상으로 고급 차를 살 돈이 없다고 했는데, 고급 차와 함께 찍은 사진이 SNS에 올라온다면 정부는 무엇이 진실인지 확인해볼 수 있다." 프랑스의 예산부 장관 제랄드 다르마냉이 한 민영방송에서 밝힌 내용입니다. 국가가 여러분의 SNS를 지켜보겠다고 당당히 선언한 것입니다. 이제는 일상 사진을 SNS에 올릴 때 머뭇거려야 할지도 모릅니다.

2020년 1월, 프랑스 정부가 자국민 SNS 이용자의 프로필과 공개된 게시물, 사진 등을 감시 및 수집하고 이를 분석하기 위해 알고리즘을 이용할 수 있도록 하는 법안을 통과시켜 논란이 뜨거웠습니다. 정부가 내세운 법안의 목적은 '탈세 감시 및 세금 징수'입니다. 최근 들어 1인 미디어 크리에이터와 인플루언서 활동으로 수입을 창출하는 사람들이 대폭 증가하면서 그들의 탈세 문제가 커진 것은 사실입니다. 하지만 여러 보안 전문가와 인권단체는 개개인의 SNS를 모두 들여다보며 분석하는 것이 개인의 자유를 침해할 수 있다는 우려와 반발의 목소리를 내고 있습니다. 인터넷 자유를 추구하는 프랑스 시민단체인 '라콰드라튀르뒤넷'의 법률고문 아르튀르 메소는 "모든 것에 대한 일반화한 감시를 허용하는 것은 문제의 소지가 있다."라고 지적했습니다. 현재 프랑스의 이 법안은 실험적으로 3년간만 시행되는 것으로 알려져 있습니다. 하지만 이와 같은 국가의 SNS 감시가 3년으로 끝날까요? 그 후의 행보가 어찌 될지는 그 누구도 알 수 없습니다.

누군가가 나를 지켜보고 있다

예측할 수조차 없을 정도로 나날이 빠르게 변화하는 오늘날, 꽤 많은 전문가가 힘을 주어 우리에게 경고하는 것이 있습니다. 바로 우리를 감시하는 눈, '빅 브러더'입니다. '빅 브러더'라는 단어가 처음 등장한 것은 작가 조지 오웰의 소설 《1984》입니다. 이 소설에서 '빅 브러더'는 텔레스크린(집 안, 회사, 식당, 길거리 등 모든 곳에 설치된 스크린)을 통해 소설 속 모든 사회 구성원의 일상을 끊임없이 감시하고 통제하는 전지전능한 통치자로 등장합니다. '빅 브러더'는 여기에서 비롯되어, 개인의 정보를 감시하고 독점하여 사회나 조직을 통제하는 권력이나 체계를 일컫는 용어로 자리 잡게 되었습니다.

끊임없이 일상을 감시하고 통제하는 빅 브라더

그 어느 때보다도 개인의 사생활과 표현의 자유가 보장된 이 시대에 누군가가 우리를 대놓고 감시한다니, 너무나도 시대착오적 경고처럼 들리나요? 하지만 놀랍게도 국가나 기업이 개인의

SNS를 몰래 사찰하다가 발각되거나, CCTV에 안면인식 기술을 넣어 개개인의 행적을 뒤쫓으려 한다거나, SNS 검열로 정치적으로 불편한 내용을 담은 게시글을 강제로 삭제하는 일은 약 70년 전에 쓰인 소설《1984》속 이야기가 아닌, 바로 오늘날의 이야기입니다.

우리는 국가의 미디어 규제가 점차 감시처럼 느껴지는 상황을 결코 가볍게 생각해서는 안 됩니다. '유해 게시물 차단'이라는 명목으로 여러 국가의 미디어 규제가 갈수록 늘고 있는데요, 전문가들은 이것이 자칫 현대판 '디지털 빅 브러더(big brother) 현상'을 일으킬 수 있다고 입을 모아 경고합니다. 자유로운 소통을 위한 도구인 미디어를 우리를 감시하는 도구로 탈바꿈하도록 내버려 두어서는 안 되겠지요?

지난 2019년, 중국에서는 천안문 사태 30주년을 앞두고 중국 정부를 비판하거나 반정부 표현을 하는 트위터 계정 수천 개를 강제로 정지해 국제적 논란을 빚었습니다.[8] 정지당한 계정의 유저들은 평소 중국의 정치, 사회, 문화 등에 대한 논평을 게시하면서 중국 정부를 비판하던 사람들이었습니다. 이 검열 사태에 대해 트위터는 중국 정부와 무관한 본사의 자발적 조치이고, 그 과

---

8) http://www.mediawatch.kr/news/article.html?no=254042

정에서 오류가 있었다며 사과 성명을 냈습니다. 하지만 중국 정부의 검열 행태에 대한 수많은 사람의 의심과 비난은 쉽게 가라앉지 않았습니다. 또 최근에 중국은 CCTV에 안면인식 기능을 결합해 CCTV로 개개인의 신원을 식별하고 그 사람의 행적뿐 아니라 감정 상태까지 파악할 수 있는 기술을 개발했습니다. 모두가 우려하던 '빅 브러더 현상'이 점차 현실화되고 있는 겁니다.

물론 안면인식 기술 자체가 문제가 되는 것은 아닙니다. 안면인식 기술은 범죄 현장에서 범인을 식별하고 검거하는 데 활용되는 등 여러 방면에서 유익하고 편리한 기술입니다. 하지만 길거리에 설치된 수많은 CCTV에 안면인식 기술이 탑재되어 범죄자가 아닌 선량한 시민을 인식한다면 어떤 일이 벌어질까요? 어디에 다녀왔는지, 누구와 함께 무엇을 했는지 같은 사생활까지 수집한다고 생각해보세요. 이 기술로 수집한 자료를 국가나 조직이 어떻게 활용하는지 알 수 없다는 점, 그리고 우리의 일상이 누군가에 의해 계속 관찰될 수 있다는 점을 생각하면 이것이야말로 현대판 '빅 브러더'라는 것을 부정하기 어렵습니다.

최근에는 카메라와 영상 편집 등 몇몇 애플리케이션을 스마트폰에 설치하여 이용할 경우, 본인도 모르는 사이에 개인정보가 새어나간다는 의혹이 불거지면서 두려움이 증폭되고 있습니다. 특히 비대면 문화가 늘어나면서 카메라를 통해 화상 회의나 화상 수업을 진행하는 경우가 많아지는데, 이러한 프로그램을 잘못 사용했다가 사용자의 모습은 물론 여러 가지 개인정보가 유출될 위험이 있다는 뉴스 보도도 잇달아 등장하고 있습니다. 왜 이런 현상이 나타나는 것일까요? 이것은 절대 기술적 결함이 아닙니다. 분명 보이지 않는 누군가의 의도와 계획에 따른 '감시'의 일종입니다.

미국의 국제인권단체 '프리덤하우스'는 '2019 국가별 인터넷 자유도'에 대한 보고서를 통해 "중국과 러시아 등의 일부 권위주의 국가에서는 인터넷 사용자의 정보를 식별하고, 바람직하지 않은 표현을 걸러내는 고도의 검열 장치로 대규모 감시 시스템을 운영하고 있다."라고 지적한 바 있습니다. 앞으로 디지털 빅 브러더 현상은 중국, 러시아 등 일부 국가만의 문제는 아닐 것입니다. 개개인을 감시하고 통제하고자 하는 수많은 국가와 기업이 안면 인식 기술과 인공지능 등의 획기적 기술을 얻고자 할 테니까요.

나의 동선이 모두에게 공개된다면

엄청난 전염력으로 전 국민을 공포로 몰아넣은 코로나19 바이러스는 개인의 일상생활에도 커다란 변화를 가져왔습니다. 그중에는 코로나19 확진자의 세세한 동선을 파악한 뒤, 동선과 겹치는 사람들을 일정 기간 자가 격리하도록 하거나 검사받도록 하는 등의 조치가 있습니다. 코로나19의 강력한 전염력과 잠복기를 고려한다면, 확진자가 발생했을 때 그와 접촉한 사람들을 발견하는 절차가 매우 신속하고 정확하게 이루어져야 한다는 것은 모두 공감할 겁니다. 하지만 이 과정에서 우리는 미처 예상치 못한 사생활 침해 문제에 직면하게 되었습니다. 확진자가 방문한 장소와 그가 이용한 교통수단을 비롯해 어떤 음식을 먹었는지, 무슨 직장에 다니며 주말에 무엇을 하며 놀았는지, 그리고 누구와 만났는지까지 그 사람의 하루가 낱낱이 공개될 우려가 생기고만 것입니다.

처음에는 대부분이 접촉자 파악을 위해 어쩔 수 없는 조치라 생각했지만, 시간이 갈수록 이것은 과도한 사생활 침해라는 의견이 짙어졌습니다. 심지어 역학조사의 어려움을 덜기 위해 대부분의 시설에서 모든 방문자의 방문기록을 남기도록 하는 조치가 시행되었습니다. 자신의 동선이나 신원을 밝히지 않기 위해 거짓으로 증언해 역학조사를 어렵게 하는 경우가 지속해서 발생하자, 정확한 신원 파악을 위해 전자출입명부 시스템을 도입한 것입니다. 이 상황에서 우리는 복잡미묘한 감정을 느낄 수밖에 없습니다. 코로나19 감염 확산을 막기 위해 어쩔 수 없는 조치라는 점을 이해하면서도, 나의 모든 동선이 기록되어 보고된다는 점이 여간 불쾌하고 찝찝하지 않을 수 없기 때문이지요. 앞으로 이러한 진퇴양난의 상황은 더욱 심화할 것입니다. 국가나 거대 집단의 감시로부터 개인정보를 보호하면서도 공익을 위해 개인정보 수집을 허용하는 문제는 앞으로 우리 사회가 해결해 나가야 할 숙제일 것입니다.

이쯤에서 여러분은 어떤 생각이 드나요? 앞서 3장에서 국가와 기업이 나서서 미디어를 규제하고 정화하는 시스템에 대해 논의하면서, 규제의 필요성과 당위성에 대해 깊이 공감하였을 것입니다. 그런데도 이러한 미디어 규제는 필요 이상의 규제로 인해 실시간 감시, 사생활 침해, 표현의 자유 억압 등 치명적 위험을 수반한다는 점을 반드시 기억해야 합니다. 그렇다면 이런 위험성을 배제하고 청정 미디어를 지키기 위한 가장 바람직한 방법은 무엇일까요?

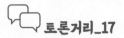

토론거리_17

미디어 규제에는 두 가지 얼굴이 있습니다. 미디어 규제에 대한 자기 생각과 입장을 자유롭게 이야기해봅시다.

대화의 수준을 끌어올리는 똑똑이 아이템 9

나의 개인정보가 새어나가고 있다?

우리가 애용하는 인터넷과 SNS를 통해 나의 개인정보가 손쉽게 새어나가고 있다는 것을 아시나요? 나를 구성하는 고유 정보인 개인정보가 다른 사람의 손에 들어가는 건 굉장히 위험한 일입니다. 그렇다면 개인정보를 노출하지 않고 인터넷과 SNS를 안전하게 이용할 방법은 뭘까요?

비밀번호를 설정할 때, 모든 곳의 비밀번호를 같은 것으로 설정하거나, 쉽게 유추할 수 있는 번호로 설정하지는 않나요? 매번 로그인 과정을 거치는 게 번거로워서 '자동 로그인'이나 '비밀번호 저장' 같은 기능으로 로그인하나요? 비밀번호 입력을 통한 로그인 과정은 개인정보를 보호할 수 있는 가장 최소한의 방어막입니다. 다소 번거롭더라도 비밀번호는 사이트마다 다르게 설정하고, 정기적으로 변경하는 것이 좋습니다. 특히 공용 기기의 사용을 마치고 반드시 로그아웃하는 것이 중요합니다.

무조건 동의하면 개인정보 줄줄 새

새로운 사이트에 가입할 때 그곳에서 요구하는 여러 가지 사항에 대해 '동의' 또는 '동의하지 않음'을 체크하는 절차를 거칩니다. 그런데 잘 살펴보면 필수로 동의해야 하는 필수 약관 항목이 있고, 희망하는 경우에만 선택해도 되는 항목이 있습니다. 필수로 동의해야 하는 경우는 주로 약관에 고지된 기간에 내 개인정보를 해당 사이트에서만 수집하고 보관하는 경우입니다. 우리가 '동의'에 체크하더라도 최소한 해당 사이트 밖으로 개인정보가 유출되지 않을 것이라 기대할 수 있지요.

하지만 선택 항목은 유심히 살펴봐야 합니다. 마케팅에 활용하기 위해 개인정보를 제3자에게 제공하겠다는 항목에 무심코 동의한다면, 내 개인정보가 해당 사이트 외에 어느 곳에 전달될지 알 수 없습니다. 어느 날 갑자기 이용하지도 않은 기업에서 상품 광고와 함께 연락이 온다면, 이미 내 개인정보가 어딘가로 새어나간 것이지요.

SNS 공개 범위 확인하기

프랑스 정부가 탈세 행위를 잡기 위해 개인의 SNS를 감시하는 법안을 통과시킨 것에서 우리는 한 가지 중요한 요소를 파악할 수 있습니다. 바로 SNS 게시글의 '공개 범위'입니다. 프랑스 정부는 비공개로 설정되어 있거나 공개가 제한된 게시글은 확인할 수 없습니다. 즉 개인의 SNS 게시글 중에 공개 설정된 것만 관리 감독할 수 있는 것입니다. 이러한 맥락에서 나의 SNS가 누구에게 공개될지를 확인하고 적절하게 설정할 필요가 있습니다. 누구라도 내 게시글을 볼 수 있도록 공개 설정이 되어 있다면, 개인정보가 노출될 만한 요소가 포함되어 있는지를 꼭 확인해야 합니다. 특히 SNS가 제공하는 서비스 중에 현재 내 위치를 파악하고 표시해주는 '위치 서비스'가 설정되어 있는지 확인해보세요. 누군가가 여러분이 어디에 있는지 시시각각 파악한다는 것은 위험한 일이니까요.

청정 미디어를 위한 백신, 미디어 리터러시

1
뉴미디어
리터러시

　결국 국가나 기업이 미디어를 '규제'하는 것이 최선의 해결 방법은 아닙니다. 그렇다면 더욱 확실한 해결 방법은 무엇일까요? 그것은 바로 우리에게 있습니다. 우리가 '미디어 리터러시' 능력을 갖춘다면, 미디어가 기득권자의 무기로 바뀌는 것을 막을 수 있습니다. 그렇다면 미디어 리터러시란 무엇이며, 어떻게 갖출 수 있을까요?

　'리터러시(literacy)'란 본래 '글을 읽고 쓸 줄 아는 능력', '글의 의미를 이해하는 능력'을 의미하는 단어입니다. 이제 우리 삶에서 각종 미디어는 필수요소가 되었기 때문에 미디어 콘텐츠를 제대로 이해하고 사용하는 능력을 갖추어야 합니다. 이러한 능력을 '미디어 리터러시'라고 부릅니다.

미디어 리터러시라는 개념이 처음 등장한 것은 아주 최근의 일이 아닙니다. 전통 미디어 시대에도 미디어 콘텐츠를 올바르게 이해하는 능력은 필요했으니까요. 하지만 뉴미디어가 발달하고 언제 어디서든 누구나 미디어를 직접 제작하고 공유하며 활용할 수 있는 시대가 되면서 미디어 리터러시 능력이 더욱 중요한 역량으로 떠올랐습니다. 심지어 뉴미디어는 전통 미디어와 달리 '미디어 이용자가 직접 미디어를 제작할 수 있다'라는 특성이 있어 우리에게 요구되는 역량은 더욱 고차원으로 발전했습니다.

뉴미디어 시대에 우리가 갖춰야 할 능력을 '뉴(new) 미디어 리터러시'라고 칭하기도 합니다. 고려대학교 미디어학부의 염정윤, 정세훈 교수는 논문을 통해 뉴미디어 리터러시가 포함하고 있는 네 가지 능력을 자세히 분류하여 설명했습니다.[9] 지금부터 뉴미디어 리터러시의 네 가지 능력을 짚어보면서 여러분은 현재 어떤 능력을 갖추고 있는지 확인해보기 바랍니다.

---

9) 염정윤·정세훈, 〈가짜뉴스 노출과 전파에 영향을 미치는 요인〉, 2019.

기능적 소비 리터러시

　이것은 과거 전통 미디어 시대에 강조되었던 가장 기본 개념
이라 볼 수 있습니다. 우리에게 제공되는 미디어 콘텐츠에 접근
하고 그 내용을 이해할 능력을 의미하는 것입니다. 대부분이 미
디어 '소비자'이던 과거에 가장 강조된 영역이지요. 아주 간단한
예를 들자면, 텔레비전이나 라디오를 켜서 뉴스 듣는 방법을 아
는 것, 컴퓨터를 켜고 인터넷에 접속해서 원하는 정보를 검색하
는 방법을 아는 것이 기능적 소비 리터러시입니다. 오늘날에는
기능적 소비 리터러시를 갖춘 현대인이 대부분일 것입니다. 특히
나 '디지털 네이티브'라 불리는 오늘날의 청소년들은 아주 어릴
때부터 기능적 소비 리터러시를 쉽고 자연스럽게 터득해왔습니
다. 하지만 정보통신 기술이 발달하면서 단순히 미디어에 접근하
고 이용하는 능력만으로는 부족해졌지요. 이제는 더 고차원적인
능력이 필요합니다.

비판적 소비 리터러시

　두 번째 능력은 '비판적 소비 리터러시'입니다. 이는 미디어 콘
텐츠나 메시지에 접근하고 이용하되, 그 속에 내포된 사회적, 경

제적, 정치적, 문화적 의미를 '비판적으로 이해할 수 있는 능력'입니다. 즉 미디어 콘텐츠를 비판적으로 소비하는 능력이지요. 예를 들면, 뉴스나 인터넷 기사를 접하고 나서 그 내용을 그대로 받아들이는 것이 아니라 내용의 옳고 그름을 판단하거나 주체적으로 자신의 의견을 생각해보며 비판적 시각으로 바라보는 것입니다. 여러분은 이러한 비판적 소비 리터러시를 갖추고 있나요?

기능적 생비 리터러시

'생비'라는 말을 들어보았나요? 생비는 생산과 소비를 합친 말로서, 말 그대로 생산과 소비 두 가지 행위를 모두 하는 것을 의미합니다. 기능적 생비 리터러시란 미디어 콘텐츠를 '소비뿐만 아니라 직접 생산 또는 제작할 수 있는 능력'을 의미합니다. 만일 여러분이 인터넷에 접속해서 원하는 정보를 찾을 뿐만 아니라 직접 동영상 편집기술을 이용해 미디어 콘텐츠를 만들어 업로드할 수 있다면 기능적 생비 리터러시를 갖춘 것입니다. 우리 중 누구라도 필요에 따라 미디어 제작이 가능해진 오늘날에 더욱 요구되는 능력인 셈이죠. 실제로 오늘날의 많은 미디어 교육은 바로 이 기능적 생비 리터러시에 초점이 맞추어져 있습니다. 다시 말해 미디어 제작 기술을 가르쳐주는 것이지요.

비판적 생비 리터러시

비판적 생비 리터러시는 생비 능력, 즉 미디어를 생산할 능력을 갖추고 있으면서 동시에 미디어 콘텐츠를 비판적이고 능동적으로 판단하는 능력입니다. 위에서 언급했던 비판적 소비 리터러시가 타인이 만든 미디어 콘텐츠를 비판적 시각으로 이해하는 것이라면, 비판적 생비 리터러시는 주로 '자신만의 판단기준을 가지고 미디어 콘텐츠와 사회 현상을 바라보고 분석하며, 나아가 적극적으로 미디어를 생산 및 전파하는 능력'을 갖추는 것을 의미합니다. 물론 '자신만의 판단기준'이라는 것이 항상 올바른 가치와 관념을 바탕으로 한 것인지는 별개의 문제일 것입니다.

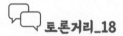

토론거리_18

'나'의 미디어 리터러시는 어느 단계에 있나요? 그렇게 생각하는 이유는 무엇인가요?

가짜뉴스와 미디어 리터러시의 복잡 미묘한 관계

앞의 네 가지 미디어 리터러시를 모두 갖춘다면 가짜뉴스 같은 유해 미디어 콘텐츠가 사라질 수 있을까요? 직관적으로는 그렇게 생각할 수도 있습니다만, 꼭 그렇지만은 않습니다. 사실 가짜뉴스가 급속도로 확산하는 원인은 생각보다 복잡하기 때문이지요. 다시 말하면, 네 가지 능력 모두 가짜뉴스 문제의 해결과 직결되지 않습니다. 오히려 네 가지 능력 중에는 가짜뉴스의 전파를 증가시킬 수 있는 능력이 있습니다. 바로 비판적 생비 리터러시입니다.

만일 미디어 생비 능력을 갖추고 있는데 그릇된 사고를 한다거나 비뚤어진 시각과 관념을 가지고 있다면, 오히려 가짜뉴스를 직접 생산해내거나 퍼트리는 데 자신의 생비 능력을 악용할 수 있지요. 결국 미디어 이용자에게 가장 중요한 기본은 '올바른' 비판적 시각을 갖추는 것이라 할 수 있습니다.

우리는 이제 인터넷이나 SNS에 퍼진 가짜뉴스에 노출되는 것을 피하기 어려운 상황까지 도달했습니다. 이미 너무나 많이 퍼져 있기 때문이지요. 심지어 가짜뉴스를 만드는 기술도 더욱 정교해져서 가짜뉴스인지 아닌지 의심하기조차 힘듭니다. 이렇게 가짜뉴스가 만연한 우리 사회를 구원할 수 있는 것은 바로 '비판적 소비 리터러시'를 갖추는 것입니다.

　가짜뉴스 같은 미디어 콘텐츠를 접할 때 비판적 시각을 바탕으로 올바른 판단력을 갖춘다면 우리는 가짜뉴스를 식별해낼 수 있습니다. 우리가 모두 그러한 능력을 갖춘다면, 의도적으로 가짜뉴스를 퍼트리려는 행위도 점차 사그라들 것입니다. 그래서 비판적 소비 리터러시는 오늘날 미디어 리터러시 교육의 궁극적 목표라 할 수 있습니다.

　고등학생 400명을 대상으로 한 연구에서도 비판적 리터러시 교육을 받은 학생들은 그렇지 않은 학생들에 비하여 뉴스와 광고에 대한 분석적 이해가 높게 나타났습니다. 결국 미디어 이용자에게 가장 중요한 능력은 '미디어 메시지에 대한 비판적 판단력'인 것입니다.

2
외국의 미디어
리터러시 교육

전 세계적으로 미디어 리터러시 교육에 관한 관심이 뜨거워
지고 있습니다. 올바른 미디어 리터러시 역량을 갖추는 것만이
청정 미디어 환경을 지키는 방법이기 때문이지요. 그렇다면 외
국의 미디어 리터러시 교육은 어떻게 이루어지고 있을까요? 여
러 사례를 살펴보면서 미디어 리터러시 교육에 한 발짝 더 다가
가 봅시다.

'미디어 리터러시'를 위한 일주일

미국은 매년 11월 첫째 주에 '미디어 리터러시 주간'을 운영

합니다.[10] 일명 '네임리'라 불리는 미국 미디어리터러시교육협회 (National Association for Media Literacy Education)에서 미디어 리터러시 교육의 중요성을 널리 알리기 위해 한 주 동안 주최하는 행사입니다. 각종 학교, 시민단체, 방송사, 소셜미디어 등 수많은 단체가 이 행사에 적극적으로 참여합니다.

4,000명 이상의 회원을 보유한 비영리단체인 네임리는 미디어 리터러시 교육을 위해 두 가지의 목표를 강조합니다. '끊임없이 질문하는 비판적 사고'와 '의견을 적절히 표현하는 의사소통'입니다. 네임리가 주최한 패널토론회에서 CNN의 진행자 브라이언 스텔터는 "어느 누구나 정보원이 될 수 있는 시대가 열렸다는 사실을 인지하고, 그중에서 신뢰할 수 있는 뉴스를 만드는 언론이 더욱 중요해졌다."라고 주장하며 허위 정보를 식별해낼 수 있는 미디어 리터러시 교육을 강조했습니다.

자라나는 청소년들에게도 미디어 리터러시 교육은 예외가 아닙니다. 미국에서는 25개 이상의 주에서 학교 교육과정에 미디어 리터러시 교육을 필수로 포함하고 있습니다. 청소년들이 학교에서 미디어 리터러시 역량을 기르는 교육을 의무화한 것이지요. 스마트폰과 인터넷 등이 보편화되고 청소년 대부분이 뉴미디어

---

10) https://dadoc.or.kr/2572?category=719542

에 밀접해 있으므로 미디어 리터러시 역량을 갖추는 것은 매우 중요한 요소라고 할 수 있습니다.

미디어 리터러시 강국, 핀란드

'벤치마킹'이라는 말을 들어보았나요? 어떤 기업이 다른 경쟁 기업의 좋은 점이나 기술 등을 배워서 따라잡는 전략을 의미하는 말입니다. 우리나라의 미디어 리터러시 교육을 활성화하기 위해선 미디어 리터러시 교육에 대한 벤치마킹이 필요합니다. 핀란드는 미디어 리터러시 교육에서 매우 앞서가는 국가입니다. 핀란드의 미디어 리터러시 교육을 살펴보면서, 어떻게 하면 미디어 리터러시 역량을 효과적으로 기를 수 있을지 생각해봅시다.

핀란드인의 미디어 리터러시 수준은 아주 높습니다. 초등학교부터 미디어 리터러시 교육을 체계적으로 하고 있기 때문이기도 한데, 탐페레대학의 시르쿠 코티라이넨 교수는 흥미롭게도 그 뿌리를 핀란드의 역사에서 찾고 있습니다. 과거 핀란드는 오랜 기간 스웨덴과 러시아의 식민 통치를 받았습니다. 식민 지배를 받던 당시 신문 등의 언론은 객관적 정보와 소식을 전달하는 본래 역할보다 정부 기관의 검열 아래 정부에 유리한 내용만 담은 선전지 역할을 했습니다. 핀란드 국민은 그러한 선전지에 휘둘리지 않고 그들의 주체 정신을 잃지 않기 위해 무엇이 진실이고 무엇이 가짜인지, 어떤 의도와 목적을 내포하는 기사인지 비판적인 시각으로 읽을 수밖에 없었습니다.

이러한 역사적 배경 때문에 핀란드는 미디어 리터러시 능력의 중요성을 일찍 깨우친 것입니다. 흥미롭지요? 그렇다면 미디어 리터러시 교육 강국인 핀란드가 어떻게 교육하는지 알아보겠습니다.

한국언론진흥재단의 미디어 리터러시 전문 SNS(dadoc.or.kr)에서는 순천향대 신문방송학과 심미선 교수의 글을 통해 핀란드의 미디어 리터러시 교육을 세 가지 단계로 소개하고 있습니다. 우리도 함께 알아보도록 할까요?

나의 생각 표현하기

핀란드의 미디어 리터러시 교육의 첫 번째 단계는 초등학교 3학년에 시작됩니다. 이때 핵심 학습 내용은 학생들이 자기 생각을 소리 내어 발표하거나 글로 표현하는 것을 연습하는 것입니다. 이것이 왜 '국어' 같은 교과 교육이 아닌 미디어 리터러시 교육일까요? 그 이유는 바로 수업의 소재에 있습니다. 발표나 글쓰

기의 주제가 교과서에 실린 내용이나 교사가 던져주는 질문이 아니라, 학생들이 거주하는 그 지역사회에서 해결해야 할 문제와 같은 시사 이슈이기 때문입니다. 그래서 학생들은 각종 정보와 자료를 얻기 위해 자연스럽게 언론의 뉴스나 신문 기사, 또는 도서관에 비치된 책 등 미디어 콘텐츠를 검색하고 자료를 찾아보게 됩니다. 이를 통해 가장 먼저 미디어 콘텐츠를 소비하는 방법, 즉 소비 리터러시를 습득하게 되는 것이죠.

이것으로 끝이 아닙니다. 학생들은 자료 검색으로 얻은 각종 정보를 종합한 후 정보의 진위를 고민하게 됩니다. 자기 주관을 바탕으로 생각을 정리하고 발표하면서 자연스럽게 시사에 관한 관심과 인식을 키우는 것이지요. 초등학교 3학년의 수업 내용이라고 하기에 너무 어려운 것 같나요? 하지만 스마트폰이나 인터넷 등 뉴미디어를 처음 접하는 나이가 갈수록 어려지고 있다는 것을 생각한다면, 시사 문제에 대해 정보를 찾고 이를 주체적으로 판단하는 습관을 기르는 교육은 아무리 빨라도 지나치지 않습니다.

핀란드는 이미 1970년대부터 뉴스 자료를 활용한 교육과정을 개정 교육과정에 포함했을 만큼 학생들이 각종 시사 뉴스를 접하는 것을 매우 중요하게 생각하고 있습니다. 우리나라도 초등학생 때부터 말하기와 글쓰기 연습을 시작하지만, 핀란드와는 달리

시사 주제를 다루는 것을 매우 조심스러워하고 꺼리는 경향이 있습니다. 하지만 학생들이 비판적으로 사고하는 건강한 민주시민으로 성장하기 위해서는 사회의 각종 이슈에 관한 관심을 키워줄 필요가 있다는 것을 잊지 않아야 합니다.

뉴스 제작하기

그렇다면 다음 단계는 무엇일까요? 바로 학생들이 직접 뉴스를 제작하는 활동입니다. 이 과정에서 실제 신문사와 방송사의 전문가들이 투입되는데, 그들은 학생들에게 기술적 도움만 제공합니다. 예를 들면, 동영상을 촬영하고 편집하는 방법이나 기술을 가르쳐 주는 것이지요. 뉴스 내용은 처음부터 끝까지 학생이 스스로 구성합니다. 이러한 미디어 제작 과정을 통해 학생들은 생비 리터러시를 기르고 미디어의 특성을 더욱 깊이 이해할 수 있게 됩니다. 미디어 제작자가 되어 미디어 콘텐츠 속에 어떻게 진실이 아닌 과장, 혹은 허위가 섞이게 되는지 직접 경험하고 체득하는 것입니다.

핀란드의 공영방송 '일레(YLE)'는 청소년의 미디어 리터러시 교육을 돕기 위해 'YLE뉴스클래스'라는 프로그램을 편성하여 학생들이 제작한 뉴스를 방송에 내보냅니다. 핀란드의 최대 일간지

〈헬싱긴 사노맛(Helsingin Sanomat)〉도 청소년이 제작한 뉴스 기사를 제공합니다. 이렇게 국가 차원에서 청소년의 미디어 리터러시 교육에 총력을 다해 지원하는 것입니다.

여러 가지 관점으로 이해하기

마지막 단계는 뉴스를 비교, 분석하면서 비판적 사고를 키우는 교육입니다. 미디어 리터러시 역량 중 가장 중요하고 핵심적인 요소인 '비판적 사고능력'을 키우는 것이죠. 이 과정에서 학생들은 동일한 사건에 대해 보도된 여러 뉴스와 신문 기사를 접하게 됩니다. 흥미롭게도 같은 사건이지만 작성자에 따라 그 사건을 바라보는 관점과 담고 있는 정보가 가지각색이라는 것을 알게 되지요. 예를 들면, 2016년 미국 대선에서 트럼프 당선에 관한 한 기사에서는 아주 긍정적이고 환영하는 멘트를 사용하지만, 다른 기사에서는 다소 실망스러운 소식을 전하는 멘트를 사용한 것을 비교하면서 각 언론의 정치적 관점을 확인하는 것입니다. 또 현 정부가 추진하는 사업에 관해 찬성하는 기사와 비판하는 기사를 모두 살펴보면서 무엇이 사실이고 거짓인지 판단하고 자기만의 입장을 세우는 것입니다. 이러한 비판적 사고능력이 과잉 정보화 시대를 살아가는 우리 현대인에게 가장 필요한 능력이 아닐까요?

3
대한민국의
미디어 리터러시

이쯤 되면 과연 우리나라의 미디어 리터러시 교육은 어떻게 이루어지고 있는지 궁금하죠? 다행히 국내에서도 미디어 리터러시 역량에 대한 인식과 관심이 나날이 뜨거워지고 있습니다. 특히 우리나라는 세계적인 ICT 강국인 만큼 스마트폰과 인터넷 보급률이 아주 높습니다. 그렇기에 청소년이 미래 인재 역량으로서 올바른 미디어 리터러시 역량을 갖추는 것은 필수입니다.

대한민국 교육부가 나서다

지난 2019년 7월 우리나라 교육부는 '학교 미디어 교육 내실화 지원 계획'을 발표했습니다.[11] 이 계획은 '모든 아이의 비판적 이해력, 합리적 의사소통 능력, 창의·문화적 감수성을 키우는 보편적 미디어 교육의 실현'을 목표로 삼고 있습니다. 시대의 요구에 따라 학교 교육과정에 미디어 리터러시 교육을 포함한 미디어 교육을 포함하고자 한 것이죠. 최근에 교육부와 한국직업능력개발원이 전국 초·중·고교생과 학부모, 교사 4만여 명을 대상으로 벌인 '초중등 진로 교육 현황조사' 결과에 따르면, 초등학생의 희망 직업 3위가 '크리에이터'입니다. 그만큼 미디어 콘텐츠 제작에 대한 학생들의 진로 희망과 관심이 매우 높다는 뜻입니다. 이에 따라 교육부에서도 체계적이고 유실 있는 미디어 교육을 제공하려고 하는 것이지요. 그러면 어떤 교육 내용을 포함하고 있는지 함께 살펴볼까요?

우선 초등학교 단계에서는 미디어 콘텐츠의 의도를 파악하는 '미디어 정보 선별 능력'을 함양하도록 계획하고 있습니다. 중·고등학교 단계에서는 다양한 교과목과 연계 가능한 미디어 수업 및 평가 자료를 개발한다고 합니다. 그 외에도 교육과정에 학생들이 미디어 관련 교육을 받을 수 있도록 하는 여러 방안이

---

11) https://www.moe.go.kr/boardCnts/view.do?boardID=294&boardSe
q=78118&lev=0&m=02

계획되어 있습니다. 하지만 위에서도 언급했듯이, 올바른 비판적 사고능력이 결여된 상태로 미디어를 제작할 수 있는 생비 능력만 키우는 교육은 매우 위험합니다. 그래서 이 교육 계획에는 '미디어 정보의 생산·유통 시 특정 가치관 및 이념을 반영하지 않고 혐오 표현을 조장하지 않는 미디어 생비자 교육'을 실시하겠다는 계획이 포함되어 있습니다. 이것이 바로 올바른 비판적 생비 리터러시입니다.

아쉽게도 외국의 다른 국가에 비하면 우리나라의 미디어 리터러시 교육은 여전히 많이 부족한 실정입니다. 특히 성인 및 노인층을 대상으로 한 미디어 리터러시 교육은 찾기가 더욱 어렵습니다. 방송통신위원회에서 전국 7개 시청자미디어센터를 통해 각종 미디어 교육을 하고 있지만, 미디어 제작 교육에 비해 미디어 리터러시 교육은 상대적으로 드물어 보입니다. 이제 ICT 강국인 우리나라에 주어진 앞으로의 과제가 무엇인지 확실해졌나요?

좋은 습관, 팩트체크의 활성화

우리는 현재 정보 과잉 시대에 살고 있다 해도 과언이 아닙니다. 인터넷 접속만으로도, 간단한 검색만으로도 원하는 정보보다 훨씬 더 많은 양의 정보와 소식에 둘러싸이게 되니까요. 수많은 정보 중에 무엇이 진짜이고 가짜인지 가려내기 위해선 미디어 리터러시 역량을 키워야 하는데, 이 역량을 키우기 위해 좋은 습관이 바로 '팩트체크(fact check)'입니다.

팩트체크는 뉴스의 진위를 확인하고 가짜뉴스를 가려내는 '거름망' 같은 작업입니다. 최근 방송통신위원회는 팩트체크가 활성화할 수 있도록 전폭 지원할 것이라고 밝혔습니다. 이미 외국에서는 민간이 운영하는 팩트체크센터가 140여 개 이상으로 많이 활성화되어 있고, 그 수가 지속해서 증가하고 있습니다. 나아가 '국제팩트체킹네트워크(IFCN)'라는 인증제도 생겼습니다. 이 인증마크를 얻으면 팩트체크를 거친 믿을만한 정보를 제공한다는 걸 보장하는 셈이죠. 이를 통해 팩트체크에 대한 신뢰성과 객관성을 더욱 강화하고 있습니다.

최근에 우리나라에도 팩트체크를 위한 기관이나 언론의 팩트체크 코너가 보이기 시작했습니다. 대표적 팩트체크 기관으로는 서울대학교 언론정보연구소에서 운영 중인 SNU팩트체크센터가 있습니다. 방송에서는 약 6년 전, 종합편성채널인 JTBC에서 메인 뉴스 프로그램에 속한 팩트체크 코너가 스타트를 끊었습니다. 당시만 해도 팩트체크라는 개념은 매우 생소했습니다. 뉴스에 보도된 소식과 자료를 다시 뜯어보고 잘못된 부분을 찾아낸다는 것이 때로는 시간 낭비, 인력 낭비처럼 여겨지기도 하기 때문입니다.

하지만 6년이 지난 지금, 넘쳐나는 정보 속 온갖 거짓에 휘둘리지 않고 진실을 알아내기 위해 팩트체크는 반드시 필요한 절차로 자리 잡았습니다. 이제는 여러 언론과 방송에서 자체적으로 팩트체크 코너를 운영하거나 팩트체크 뉴스를 제작하는 등 훨씬 익숙한 개념이 되었습니다. 물론 팩트체크가 우리 삶 속에 깊게 뿌리 잡았다고 말하기는 어렵습니다. 그렇기에 최근 방송통신위원회가 팩트체크 활성화를 위해 많은 예산을 지원할 것이라고 밝힌 것은 매우 좋은 소식이라 볼 수 있습니다. 팩트체크는 올바른 미디어 리터러시를 갖추는 데 필수 코스이니까요.

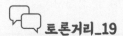

토론거리_19

최근 우리 사회에서 뜨겁게 논의되고 있는 주제를 고른 뒤, 여러 뉴스와 기사를 검색하고 팩트체크한 결과를 함께 공유해봅시다.

4
미디어 리터러시
역량 키우기

　이제 본격적으로 우리의 미디어 리터러시 역량을 키워봅시다. 미디어 리터러시를 키우는 방법은 정답처럼 딱 정해져 있는 것이 아닙니다. 다만 위에서 함께 살펴본 핀란드의 우수 사례와 여러 비영리 교육기관의 교육 방법 등을 통해 미디어 리터러시 교육의 핵심을 끄집어낼 순 있지요. 우리는 지금부터 '비판적 사고능력'을 갖추고 진짜와 가짜를 구분할 수 있는 현명한 미디어 이용자가 되기 위해 강조되는 여섯 가지 핵심 개념을 짚어보면서 미디어 리터러시 역량을 끌어올려 보겠습니다. 자, 준비되었나요?

제작자는 누구인가?

첫 번째 단계는 꽤 수월합니다. 바로 내가 접하는 미디어의 제작자를 확인하는 것입니다. 여기서 제작자란 단지 미디어를 직접 제작한 개인만이 아니라 미디어 제작을 주체하는 기관이나 단체까지 포함하는 개념입니다. 제작자가 왜 중요하냐면, 제작자 또한 '사람'이기 때문입니다. 누가 제작했는지 알면 그 사람 또는 그 집단이 취하는 관점을 엿볼 수 있지요. 뒤집어 생각하면, 미디어 제작자의 관점을 알면 미디어가 담은 내용을 더욱 객관적이고 주체적으로 판단할 수 있다는 것입니다. 예를 들어, 우연히 아래와 같은 광고 이미지를 보게 된다고 가정해봅시다.

우리는 이 광고 이미지의 제작자가 누구인가에 따라 광고의 메시지를 매우 다르게 해석할 수 있습니다. 만약 이 광고의 제작자가 공익광고협의회라면 어떻게 해석하게 될까요? '가족과 함께하는 건강한 아침 식사, 아침 식사의 중요성, 자녀의 건강을 챙기는 부모의 사랑' 등으로 해석할 수 있겠지요. 그런데 이 광고의 제작자가 과일주스를 판매하는 기업이라면 어떻게 해석하게 될까요? 자연스럽게 과일주스에 시선이 가면서, 아이들도 좋아하는 건강하고 맛있는 과일주스를 구매해야겠다는 생각이 들 겁니다. 혹은 이 광고의 제작자가 아동복을 판매하는 의류 기업이라면 어떨까요? 남자아이와 여자아이가 입고 있는 예쁘고 편해 보이는 티셔츠에 시선이 가게 될 것입니다. '아이들이 입고 있는 티셔츠 색깔이 참 깔끔하니 예쁘네.'라는 생각과 함께 말입니다. 결국, 미디어 콘텐츠의 제작자가 누군지 알면 미디어의 메시지가 무엇인지 더욱 명확하게 파악할 수 있는 것입니다. 흥미롭지 않나요?

누구를 타깃으로 한 콘텐츠인가?

미디어 콘텐츠를 '누가' 작성했는지 아는 것도 중요하지만, '누구를' 주요 타깃으로 제작한 것인지를 아는 것도 굉장히 중요합니다. 누구를 타깃으로 했는지에 따라 콘텐츠가 가진 관점과 시각이 완전히 달라질 수 있기 때문이지요. 예를 들어 아래의 두 사진을 함께 살펴봅시다. 두 사진은 우리가 뉴스나 신문에서 종종 볼 수 있는 것입니다. 바로 시민들의 시위 현장을 담은 사진이지요. 특정 집단이나 무리가 그들의 의사를 표시하고 정당한 권리를 요구하는 행위를 우리는 '시위'라고 칭합니다. 하지만 5·18민주화운동이 일어난 당시의 언론 탄압을 통해서도 알 수 있듯이, 누군가는 그것을 정당한 집회나 시위가 아닌 '폭동'으로 여기고 싶어 합니다. 폭동이라 칭하진 않더라도 시위의 난폭함과 무질서함을 강조하며 시위에 대한 부정적 이미지를 퍼트리고자 하는 사람들도 있습니다. 그래서 아래 두 사진의 분위기가 사뭇 다른 것을 알 수 있습니다.

왼쪽 사진만 본다면 아주 평화롭고 질서정연한 시위가 생각납니다. 하지만 오른쪽 사진을 본다면 매우 공격적이고 과격하며

무질서한 시위 장면을 상상하게 됩니다. 결국 뉴스나 신문 기사에 어떤 사진이 실리는지는 아주 큰 차이입니다. 만약 보도 자료의 주요 타깃이 이 시위를 반대하는 사람들이라면, 여러분은 두 사진 중 어떤 사진을 선택해서 실을 것 같나요?

어떤 형식을 취했는가?

여러분도 잘 알다시피, 미디어의 형태는 아주 다양합니다. 생비 능력을 갖춘다면 누구라도 미디어를 직접 제작할 수 있게 되었죠. 그 얘기인즉슨, 광고는 항상 광고의 형태를, 뉴스는 항상 뉴스의 형태를 취하는 시대가 끝났다는 것입니다. 실제로 뉴스 형태를 취한 광고와 기사 형태를 취한 광고가 많이 등장하고 있습니다. 미디어 이용자인 우리는 이러한 특성을 잘 파악해두고 미디어가 어떤 형태를 취하는지를 주체적으로 판단할 수 있어야 합니다. 왜일까요? 뉴스 형태를 취한 가짜뉴스가 넘쳐나기 때문이지요. 가짜뉴스의 가장 큰 특징 중 하나가 바로 뉴스나 기사의 형태를 취하고 있다는 점입니다. 미디어 이용자들을 더욱 쉽게 속이고 진짜 뉴스인 것처럼 둔갑하기 위함이지요. 그래서 미디어 이용자인 우리는 미디어 콘텐츠가 어떤 형태를 취했는지, 왜 그러한 형태를 취했는지 주체적으로 인식하고 파악할 필요가 있습니다.

뉴스 형태를 취하는 가짜뉴스

목적이 무엇인가?

여러분은 학교에서 숱한 시험을 치르며 "이 글의 목적은 무엇인가?" 또는 "이 대화에서 여자가 하는 말의 목적은 무엇인가?" 같은 질문을 수없이 받았을 겁니다. 만일 이 문제를 큰 어려움 없이 잘 풀 수 있다면, 미디어 콘텐츠의 목적도 잘 알아챌 수 있습니다. 지금 내가 이용하는 미디어 콘텐츠가 어떤 목적으로 제작된 것인지 파악한다면, 그 내용에 휘둘리거나 현혹되지 않고 비판적이고 객관적인 시각을 유지할 수 있는 것입니다.

예를 들어, 여러분이 뉴스 형태를 취하고 있는 미디어 콘텐츠를 접했다고 생각해봅시다. 이때 미디어 콘텐츠의 목적이 과연 '객관적 정보 전달'인지 '제작자 개인의 의견 전달'인지, 나아가 독자(또는 시청자)를 '설득'하기 위함인지, 혹시나 정치적으로 '선동'하기 위함인지 따져보는 것입니다. 여러분이 아래와 같은 글을 접하게 되었다고 생각해봅시다.

피부과 의사가 말한다, '기미·잡티 제거에 비타민C가 특효'

특히 여성들은 얼굴에 생기는 기미와 주근깨, 여드름 흉터 등의 잡티에 굉장히 예민하다. 부쩍 나이가 들어 보이게 하기 때문이다. 이에 ㅇㅇ피부과의 ㅇㅇㅇ 원장은 "피부의 잡티를 예방하고 밝은 피부톤을 유지하기 위해선 비타민C를 많이 섭취하는 것이 중요합니다. 섭취하는 것뿐만 아니라 피부에 직접 바르는 것 또한 도움이 될 수 있습니다."라고 답했다. 화장품 브랜드 ㅇㅇ는 다음 주 출시 예정인 'ㅇㅇㅇ세럼'에 대해, 비타민C를 핵심 요소로 하여 여성들의 잡티 고민을 해결해줄 똑똑한 아이템이라 소개하고 있다.

언뜻 보기엔 인터넷 기사 형식을 취하고 있습니다. 제목 또한 피부와 관련한 의학 정보를 제공하는 것처럼 보입니다. 하지만 글을 끝까지 잘 읽어보면, 글의 진짜 목적은 '객관적 정보 전달'이 아니라 '제품 광고'라는 것을 알 수 있습니다. 비타민C가 피부에

좋다는 사실을 근거로 특정 화장품 브랜드에서 출시 예정인 비타민C 세럼을 광고하는 것이지요. 아마 여러분도 평소에 이러한 기사 형식의 광고 글을 어렵지 않게 목격했을 것입니다. 혹시 이런 광고에 현혹되어 제품을 구매한 적이 있나요? 물론 고도의 전략으로 본래의 목적을 교묘하게 숨기거나 감추는 가짜뉴스가 많기 때문에 처음부터 그 목적을 뚜렷하게 찾아내는 것은 매우 어려운 일이기도 합니다. 하지만 적어도 새로운 콘텐츠를 접할 때, 제작된 목적이 무엇인지 한 번쯤 고려해보는 행동은 미디어 리터러시 역량을 키우는 아주 좋은 습관이라 할 수 있습니다.

어디까지가 진실인가?

'과연 어디까지가 진실이고 어디까지가 거짓일까?' 가짜뉴스가 넘쳐나는 오늘날, 미디어 이용자인 우리에게 가장 필요한, 그리고 궁극적으로 가장 중요한 질문이 아닐까 싶습니다. 검증된 소수의 전문 언론인만 뉴스를 제작할 수 있던 과거에는 어느 정도 정제된 내용이 전파될 확률이 높았습니다. 하지만 여러분도 잘 알다시피, 이제는 누구라도 다양한 형태와 내용의 미디어를 제작할 수 있으므로 진실과 거짓을 구분하고 진실만 취할 수 있는 능력이 절실해진 것입니다.

그렇다면 어떻게 진실과 거짓을 구분할 수 있을까요? 이쯤에서 여러분의 머릿속에 떠오르는 개념 하나가 있으면 참 기쁠 것 같습니다. 바로 '팩트체크'입니다. 진실만 걸러내는 거름망인 팩트체크를 습관화하는 것이 아주 중요하지요. 전문 언론인이 아닌 우리가 일상에서 팩트체크를 하는 가장 쉬운 방법은 바로 '검색'을 통해 여러 가지 자료를 찾아 비교하고 대조해보는 것입니다. 또 다른 예시를 통해 한 번 더 연습해볼까요? 여러분이 아래와 같은 기사 제목을 보았다고 생각해봅시다.

> 새롭게 탈바꿈한 (자동차명 A), SUV왕좌 찾아오나

이 제목을 읽고 어떤 생각을 하게 되나요? A라는 자동차가 새롭게 탈바꿈해서 조만간 SUV 시장을 점령할 것이라는 긍정적 기대와 가능성이 느껴지지 않나요? 하지만 이 제목에서 우리가 얻을 수 있는 사실은 단 두 가지입니다. 'A라는 자동차에 어떤 변화가 생겼다.'라는 것과 'A라는 자동차는 SUV다.'라는 점입니다. A라는 자동차가 'SUV 왕좌'라 불릴 만큼 SUV 차량 중 최고라는 건 전혀 입증된 바가 없습니다. 그렇다면 우리는 검색을 통해 다른 정보를 얻어야 합니다. 자동차 A에 대해 검색하다 보면 아래와 같

은 의견도 발견할 수 있습니다.

> 자동차 전문가인 D교수는 "(자동차명 B), (자동차명 C)가
> SUV 시장에서 너무나 인기가 좋기 때문에, (자동차 A)가 새
> 롭게 출시되더라도 예전과 같은 반응을 얻기는 쉽지 않을 것"
> 이라고 말했다.

그래서 우리는 한 가지 주제를 두고 여러 개의 뉴스와 기사를
확인해봐야 합니다. 작성자의 주관이 아닌, 오로지 사실만을 쏙
뽑아서 흡수할 수 있어야 합니다.

나는 어떻게 생각하는가?

마지막 단계는 바로 내 생각과 관점을 뚜렷하게 세우는 것입니
다. 미디어 리터러시 역량의 최종 목적지인 '비판적 사고능력'을
발휘하는 것이지요. 예를 들어, 위에서 언급했던 자동차 A에 관
한 기사를 읽고, 여러 자료를 비교하고 대조해서 사실만 입수했
다면, 그 후에는 내 의견을 정립하는 것입니다. 말하자면, "자동차
A가 SUV 시장에서 1위를 차지하긴 어렵겠지만 SUV 시장에는 계

속해서 경쟁력 있는 자동차가 많이 등장하는구나." 또는 "나는 개인적으로 자동차 A를 좋아하니까 어떤 점이 리뉴얼 됐는지 확인해보고 사야겠다." 같은 나만의 생각 말입니다. 그저 'SUV 왕좌' 같은 기자의 말에 현혹되는 것이 아니라 비판적이고 객관적인 시각으로 나만의 결론을 내리는 것이 바로 뉴미디어 시대를 사는 현대인 모두에게 필요한 미디어 리터러시입니다.

이제 뉴스, 기사, 동영상, 광고 등 다양한 미디어를 대상으로 이 여섯 가지 핵심 개념을 적용하여 분석할 자신이 생겼나요? 그렇다면 이 시대가 요구하는 미디어 리터러시를 갖춘 훌륭한 미디어 이용자로 거듭날 준비가 된 것입니다.

언택트 시대, 내일은
우리 모두 크리에이터

1
일상생활의
언택트 혁명

　미국의 국무장관을 지낸 헨리 키신저(Henry Alfred Kissinger)는
다음과 같이 말했습니다. "The Coronavirus pandemic will for-
ever alter the world order(코로나바이러스 대유행은 세계의 질서를
영원히 바꿔놓을 것이다)." 코로나19가 불러온 팬데믹이 시작되고
꽤 많은 시간이 흐른 현재, 우리의 일상생활에는 많은 변화가 생
겼습니다. 외출할 때는 항상 마스크를 착용하고 재택근무를 하
며 외국 여행을 가지 않고 사람이 많은 장소에 가지 않은 채 집
에 머무릅니다. 참 많은 것이 변하였지요. 이러한 상황에서 '언택
트'라는 신조어가 등장했습니다. 언택트 시대는 어떤 의미를 지
닌 걸까요?

'언택트(untact)'는 '접촉하다'라는 뜻을 가진 'contact'에 부정 또는 반대의 의미를 가진 접두사 'un'을 합성해서 만든 신조어로서, '직접 접촉(대면) 하지 않으면서 접촉하는 것'을 의미합니다. 이게 도대체 무슨 말이냐고요? 간단하게 말해 '비(非) 대면 접촉'이라 표현할 수 있겠군요.

$$un + contact = untact$$

이제 본격적인 '언택트 시대'에 돌입했다고 해도 과언이 아닙니다. 이미 꽤 오래전부터 ICT 강국인 우리나라는 인터넷 통신망과 스마트폰의 괄목할 만한 발전을 통해 직접 만나지 않고도 원격으로 의사소통하는 데 큰 어려움이 없었습니다. 하지만 최근 팬데믹으로 인해 직접적인 만남 자체가 매우 조심스럽고 위험해진 까닭에, 언택트 문화가 더욱 본격적으로 우리의 일상생활에 스며들기 시작한 것입니다. 그렇다면 언택트 시대의 하루는 어떤 변화가 있을까요?

무엇이든 배달해 드립니다

마트나 백화점에서 쇼핑할 시간조차 없이 바쁜 현대인에게 아주 편리한 인터넷 쇼핑은 이제 일상의 장터가 되었습니다. 인터넷 쇼핑몰에서 옷이나 물건뿐 아니라 당장 다음 날 아침에 먹을 신선한 음식 재료까지 잠자리에 들기 전에 주문할 수 있게 되었습니다. 특히 코로나19로 사람이 많이 붐비는 마트나 백화점을 꺼리게 되면서 인터넷 쇼핑과 배달 서비스는 필수요소가 되었습니다. 게다가 바이러스 감염을 막기 위해 택배 배달원이 비대면 배달을 하면서, 집 앞이나 위탁 장소에 물건을 놓아두는 배달 시스템이 점차 자리를 잡고 있습니다. 이처럼 사람끼리 마주치고 직접 대면하는 상황이 더욱 줄어드는 중입니다.

이런 변화는 유통업계에 영향을 미쳐 온라인 쇼핑몰 운영 비중은 점점 더 늘고 있습니다. 음식점도 예외가 아닙니다. 외식을 자제해야 하는 상황이 이어지면서 음식을 집으로 배달시켜 먹는 사람이 부쩍 증가한 것이죠. 이제는 스마트폰과 인터넷이 있다면 그 무엇이라도 집 앞에서 받아볼 수 있는 시대가 열린 것입니다.

스크린으로 즐기는 쇼

밀폐 공간에서 이루어지는 콘서트나 영화관, 각종 공연 분야는 코로나19 대유행과 함께 큰 타격을 입었습니다. 환기도 어려울뿐더러 관객이 몇 시간 동안 밀폐된 공간에 머무르는 것이 바이러스 감염을 예방하는 데 매우 취약하기 때문입니다. 최근 공연 및 예술계에서도 언택트 시대에 발맞춰 변화를 시도하고 있습니다. 유튜브 같은 동영상 플랫폼을 통해 공연을 스트리밍으로 제공하는 것입니다.

뮤지컬 〈오페라의 유령〉의 작곡가로 유명한 앤드루 로이드 웨버(Andrew Lloyd Webber)는 'The Shows Must Go On(쇼는 계속되어야 한다)'이라는 이름의 유튜브 채널을 개설하였습니다. 그곳에 매주 한 편의 뮤지컬 공연을 업로드하고 48시간 동안 누구든 무료로 시청할 수 있도록 공개했습니다. 원하는 시청자에게는 코로나19 퇴치를 위한 기부금도 받고 있고요. 러시아의 볼쇼이 발레단도 유튜브 채널을 통해 발레 공연 영상을 24시간 동안 무료로 시청할 수 있게끔 하였습니다. 우리나라의 예술의 전당에서도 2020년 3월에 유튜브 채널을 통해 연극, 발레, 피아노 공연 등 다양한 영상을 스트리밍하기도 했습니다.

패션계에서도 변화가 나타나고 있습니다. 2020년 초에 예정된 패션쇼 '서울패션위크'가 코로나19로 인해 취소되자, 슈퍼모델 한혜진이 하루 만에 백 벌의 옷을 갈아입으며 런웨이에 선 모습을 촬영해 '디지털 패션쇼'를 제작해 화제가 되기도 했지요.

현장에서 직접 보는 것이 아닌 스크린과 영상으로 감상하는 쇼라니, 아직은 조금 실험적이고 도전적인 변화일지도 모릅니다.

팬데믹 사태 속에 임시방편으로 활용하는 '대체물'처럼 보일지도 모르고요. 하지만 미디어를 비롯한 다양한 플랫폼을 통해 비대면으로 소통하는 지금의 상황은 시간이 흐를수록 익숙해질 모습임은 분명합니다. 이 모든 것이 기술의 발전을 바탕으로 한 '미디어'라는 소통 창구 덕분이라 할 수 있지요.

1인 미디어, 너와 나의 연결고리

결국 언택트란 직접 만나지 않아서 사람 간의 의사소통과 친밀한 관계 형성이 점차 사라지는 것을 의미하는 걸까요? 다행스럽게도 그렇지는 않습니다. '언택트'라는 단어 안에는 'contact(접촉하다)'라는 기본 개념이 있다는 점을 잊지 않아야 합니다. 직접 만나지 않아도 세상과 소통할 수 있도록 해주는 '너와 나의 연결고리', 우리에겐 바로 미디어가 있습니다. 특히 소셜미디어는 이제 타인과의 의사소통을 위한 대체물이 아니라, 우리 일상의 필수 소통 창구가 되어가고 있습니다.

이러한 변화와 함께 나날이 주목받는 것이 바로 1인 미디어 제작 분야입니다. 텔레비전으로 송출되는 프로그램을 시청하는 것에 그치는 것이 아니라, 자신의 기발한 아이디어로 직접 방송을 제작하는 것이지요. 이미 2장에서 인플루언서에 대한 이야기를 나누었지만, 코로나19로 인해 예상보다 빨리, 그리고 깊숙이 확산된 언택트 문화는 1인 미디어를 일상생활에 더욱 견고하게 자리 잡게 만들었습니다. 그도 그럴 것이 집 밖으로 나가서 사람을 만나기가 어려워진 탓에 집 안에서 스마트폰을 들여다보거나 컴퓨터 앞에 앉는 시간이 훨씬 더 많아졌으니까요. 이 글을 읽고 있는 여러분도 혹시 1인 미디어 크리에이터가 되고 싶나요? 1인 미디어 제작에 도전하기 전에 꼭 기억해 두어야 할 몇 가지 사항이 있답니다. 함께 살펴볼까요?

토론거리_20

여러분은 언택트 문화를 실감하고 있나요? 최근 자신의 일상생활을 되돌아보며 언택트 문화로 인한 변화를 찾아보고, 각종 미디어가 일상생활에 얼마나 큰 비중을 차지하고 있는지 함께 공유해봅시다.

6장_ 언택트 시대,
내일은 우리 모두 크리에이터

2
올바른
크리에이터 되기

　언택트 문화가 확산될수록 스크린을 통한 원격 만남이 더욱 잦아질 것이란 추측을 해볼 수 있습니다. 특히 자라나는 청소년 중에 '크리에이터'를 꿈꾸는 학생의 비율도 점차 증가하는 점까지 고려한다면, 언제 어디서든 필요에 따라 미디어 제작자가 될 수 있는 능력과 자질은 갖추고 있어야 하지 않을까요? 그렇다면 대중의 사랑을 받는 크리에이터가 되기 위해 꼭 기억해야 할 요소를 함께 살펴보며 미래 사회의 인재로 거듭나봅시다.

개인정보의 덫

미디어를 제작하거나 콘텐츠를 구성할 때 흔히 저지를 수 있는 실수가 바로 개인정보 유출입니다. 개인정보는 개개인을 식별하게 하는 모든 정보를 의미합니다. 이름이나 성별, 나이, 주민등록번호는 물론이고 거주지, 가족 관계, 학력, 연락처, 질병, 외모까지 포함할 수 있는 넓은 영역입니다. 개인정보 유출은 우선 사생활 침해 문제를 안고 있습니다. 하지만 그보다 더 무서운 것은 전화금융사기나 본인을 사칭한 금융 사기 등 각종 범죄에 악용될 가능성이 크다는 것입니다. 그래서 개인정보를 수집하거나 활용하기 전에 반드시 본인 동의를 받아야 합니다. 사전 동의 없이 무단으로 사용하면 개인정보 보호법에 따라 처벌받을 수 있습니다.

유튜브 등 영상을 제작하다 보면 여러 사람의 음성이 녹음될 뿐만 아니라 그들의 모습도 영상에 담기게 됩니다. 재미있는 콘텐츠를 위해 자신만 등장하는 것이 아니라 다양한 사람과의 대화나 인터뷰 등 소통이 불가피하기 때문이지요. 물론 다양하고 재미있는 볼거리를 구성하고 제작하는 것은 훌륭한 크리에이터로서 갖추어야 할 자질입니다. 이와 동시에 자신이 제작하는 콘텐츠 속에 타인의 개인정보가 노출되거나 사생활 침해 문제가 없는지 언제나 꼼꼼하게 확인할 필요가 있습니다. 특히 지나가던

행인 등 사전 동의 없이 녹화된 영상이 인터넷에 공유되는 경우, 개인정보 보호법이 적용될 가능성이 큽니다. 이렇게 개인정보의 문제가 발생할 여지가 있다면, 당사자에게 개인정보 이용에 대해 사전 동의를 얻거나 해당 부분을 삭제해야 한다는 것을 잊지 말기 바랍니다.

저작권 침해는 남의 물건 빼앗기

동영상을 촬영하고 제작할 때 시청자의 흥미를 끌어올리고 재미를 더하기 위해 적절한 배경음악이나 인기 있는 캐릭터 이미지를 가져와 활용하기도 합니다. 또는 크리에이터가 선택한 콘텐츠에 따라 영화, TV 프로그램, 뉴스, 기사 등 기존에 존재하는 다양한 자료를 직접 언급하거나 인용하기도 하고요. 하지만 올바른 크리에이터라면 자신이 활용하는 자료에 저작권 침해 문제는 없는지를 확인해야 합니다.

저작권이란 창작물을 만든 사람의 창의성, 노력, 열정을 인정하고 창작물에 대한 독자적 권리를 보호하는 것입니다. 독창적 콘텐츠로 미디어를 제작하는 크리에이터가 도리어 타인의 저작권을 침해하고 무단으로 사용하는 실수를 범해서는 안 되겠지요.

그런데 최근 유튜브를 비롯한 유명 플랫폼에서 저작권 침해로 문제 삼을 수 있는 콘텐츠들이 굉장히 많이 만들어지고 있습니다. 이로 인해 플랫폼 사업자에게 저작권 위반과 관련한 책임을 지도록 해야 한다는 목소리도 나오고 있습니다. 유럽 의회에서는 플랫폼 사업자들이 저작권에 위반되는 콘텐츠를 자동으로 걸러낼 수 있는 장치를 개발하도록 촉구하였습니다. 또 저작권이 있는 콘텐츠 링크가 플랫폼에 게시될 때마다 세금을 매겨서 저작권자의 권리를 보호하고자 하는 저작권법 개정안도 가결 처리하였습니다.

우리나라에서는 아직 유튜브, 페이스북 등에 올라오는 저작권 위반 콘텐츠를 본격적으로 제재하지는 않고 있습니다. 방송통신위원회에 따르면, 지난 2019년 KBS, MBC, SBS 등 지상파 방송사에서 유튜브를 상대로 저작권 위반 콘텐츠를 걸러낸 사례가 약 26만 건에 달했다고 합니다. 수많은 크리에이터가 방송사에서 제작한 드라마나 뉴스를 무단으로 사용하여 콘텐츠를 제작하고 있는 것이지요. 미디어 이용자에게는 그렇게 제작된 미디어 콘텐츠가 더욱 재미있게 보일 수는 있습니다. 하지만 진정 올바른 크리에이터라면, 그 누구보다 타인의 노력이 담긴 저작물을 보호하고 저작권을 존중하는 태도를 갖춰야 합니다.

대화의 수준을 끌어올리는 똑똑이 아이템 10

표절, 패러디, 오마주, 저작권, 너무나 복잡해!

우리는 가수가 표절 시비에 휘말리는 것을 종종 목격합니다. 기존에 존재하는 노래와 특정 멜로디가 일정 구간 이상 비슷하다거나 뮤직비디오의 특정 장면이 똑같다거나 가수의 콘셉트가 유사하다는 이유에서입니다. 이러한 표절 논란은 노래뿐 아니라 드라마나 영화, 소설, 심지어 게임에서도 발생합니다. 그뿐만 아니라 유명한 영화를 패러디한 광고를 보며 웃기도 하고, 어떤 아티스트가 타 작품을 '오마주'한 작품을 감상하기도 합니다. 여기서 한 가지 확실한 것은, 개개인이 창의적으로 만들어 낸 아이디어나 작품이 다른 이에게 깊은 감명과 영향을 준다는 것이죠. 그것을 바탕으로 우리는 또다시 새로운 창작을 하게 됩니다. 그런데 이 과정에서 우리가 꼭 알고 지켜야 할 선이 있습니다. 과연 무엇일까요?

저작권은 저작자의 권리

가장 먼저 반드시 알고 있어야 할 개념은 저작권입니다. 사상의 자유가 보장되는 만큼 자유롭고 창의적인 발상이 주목받는 이 시대에 개인이 만들어내는 모든 창의적 저작물은 어느 때보다도 높은 가치를 인정받습니다. 이러한 저작물을 만들어내기 위한 저작자의 노력, 정성, 창의성 등을 인정하고 저작자만이 가질 수 있는 배타적 권리를 '저작권(copyright)'이라 합니다. 일반적으로 저작권은 저작자 사후 70년까지 보장됩니다.

그래서 저작권의 보호를 받는 저작물을 저작자의 동의 없이 무단으로 복제하거나 이용하게 되면 저작권법에 따라 처벌받게 됩니다. 음악이나 영화 불법 다운로드, 특정 가수의 표절 시비 문제가 뉴스로 보도되는 것이 바로 이 때문입니다.

하지만 간혹 특정 조건으로 자유롭게 저작물을 가져다 사용할 수 있는 경우도 있습니다. 그것을 'CCL(Creative Common License)'이라 부릅니다. 인터넷에서 사진이나 동영상에 CCL이 표기되어 있다면, 제시된 조건을 지키며 그 저작물을 사용할 수 있습니다. 주로 제시되는 조건은 '저작자와 출처 표시', '비영리 목적 사용'입니다. 그러므로 자유롭게 사용할 수 있는 저작물이라 할지라도, 반드시 명시된 조건을 확인해야 합니다.

패러디 vs 오마주

표절은 다른 사람의 저작물을 허락 없이 몰래 가져다 쓰거나 일부 수정해서 마치 자신이 창작한 것처럼 둔갑하는 행위입니다. 표절은 의심할 여지 없이 저작권 침해 행위지요. 그렇다면 패러디나 오마주는 표절과 어떤 면에서 다를까요? 가장 큰 핵심은 원본 또는 출처가 무엇인지 알 수 있다는 점입니다. 즉 패러디와 오마주는 타인이 저작한 원본을 바탕으로 작품을 만들었다고 명확하게 밝힙니다. 그중 패러디는 원본을 바탕으로 특정 부분을 조금 더 익살스럽게 희화화하여 재해석한 작품을 일컫습니다. 주로 코미디 프로그램이나 TV 광고에서 유명한 영화나 드라마를 패러디한 작품을 만나볼 수 있는데요, 패러디 작품은 시청자들의 공감대를 바탕으로 재미와 웃음을 준다는 특징이 있습니다.

　이와 다르게 오마주는 자신이 존경하는 작가나 좋아하는 작품에 대한 존경과 애정을 표현하려고 일부러 특정 부분을 모방하는 것입니다. 예를 들면 영화 속에 오마주하는 작품의 특정 장면을 그대로 삽입하거나, 그 분위기 또는 콘셉트를 그대로 가져와 풀어놓는 것이죠. 과거 빈센트 반 고흐 같은 유명 화가들은 자신이 존경하는 화가의 그림을 가져와 오마주하기도 했습니다.

　패러디와 오마주는 원작에 대한 애정을 바탕으로 시작합니다. 원작을 어떠한 방향으로 재해석해서 표현하는가에서 차이가 있지요. 하지만 표절은 원작을 숨기는 행위이기 때문에 쉽게 말하면 남의 물건을 훔치는 것과 다를 바 없습니다. 재미있는 콘텐츠를 만드는 크리에이터가 되고 싶다면, 타인의 저작물에 대한 존중과 저작권에 대한 인식이 반드시 바탕이 되어야 합니다.

크리에이터 윤리 의식

미디어 제작자, 즉 크리에이터로서 올바른 윤리 의식을 갖추는 것은 청정 미디어 환경을 만들기 위해 필수 불가결한 요소입니다. 언택트 문화의 확산에 따라 1인 미디어를 제작해 공유하고자 하는 크리에이터가 증가할수록, 미디어 콘텐츠로서 적절한 것과 부적절한 것을 명확히 구분하는 능력이 필요합니다.

또 올바른 윤리 의식을 바탕으로 바람직한 미디어를 제작하고 타인에게 긍정적인 영향력을 끼칠 수 있는 크리에이터가 되어야 합니다. 오로지 동영상 조회 수와 구독자를 올리고 이익을 얻기 위해 자극적이거나 보편적 윤리에서 벗어나는 콘텐츠를 제작하는 것은 올바른 크리에이터가 아닙니다. 미디어 환경을 파괴하고 오염시키는 말썽꾼이자 제재되어야 할 존재일 뿐입니다.

최근 들어 유튜브를 비롯한 온라인 영상에서 문제가 되는 것은 바로 '혐오 표현'입니다. 자신과 다른 정치적 성향을 지닌 사람들에 대한 인격 모독, 성 소수자와 여성과 사회적 약자 등을 무시하는 발언, 연예인이나 유명인에 대한 외모 비하 발언 등이 해당합니다. 대형 방송사의 전문 방송 프로그램이 아닌 사적 공간에서 제작되는 영상인데 자유로운 의사 표현이 뭐가 문제냐고 반박할 수도 있습니다. 하지만 이 글을 읽는 여러분은 단 한 장의 사진, 한 편의 동영상, 하나의 SNS 게시글이 국가 혁명을 일으키고 전 세계적인 챌린지를 이루어낼 수도 있다는 점을 잘 알고 있습니다. 미디어를 제작하고 공유하는 크리에이터가 된다는 것은 불특정 다수에게 막대한 영향력을 발휘하는 존재가 되는 것입니다. 따라서 그에 대한 책임감을 바탕으로 창작 활동을 해야 한다는 점을 잊지 않아야 합니다.

나를 보호하기 위한 팩트체크

이미 잘 알다시피, 이제 뉴스는 대형 언론사나 방송사의 전유물이 아닙니다. 누구라도 미디어를 통해 새로운 소식과 정보를 빠르게 교환할 수 있지요. 실제로 각종 SNS나 동영상 플랫폼을 살펴보면 부동산, 경제, 사회, 문화, 역사, 정치, 미용 등 아주 다양한 분야에서 유용한 정보와 따끈따끈한 소식을 전해주는 미디어 콘텐츠를 쉽게 발견할 수 있습니다. 미디어 이용자로서도 각종 소식을 쉽고 빠르게 접할 수 있으므로 '뉴스'는 꽤 유익한 콘텐츠가 될 수 있습니다.

그런데 뉴스 같은 '정보 전달'을 주제로 미디어 콘텐츠를 제작할 때 크리에이터로서 꼭 거쳐야 할 관문이 있습니다. 바로 '팩트체크'입니다. 앞서 미디어 이용자로서 넘쳐나는 가짜뉴스를 걸러내기 위해 팩트체크하는 습관을 길러야 한다는 점을 강조했는데요. 미디어를 제작하는 크리에이터 또한 자신이 만드는 콘텐츠가 포함한 정보가 객관적 정보인지 단순한 누군가의 의견인지를 명확히 구분하고 점검해야 합니다. 미디어 제작자가 사실 확인을 거치지 않고 근거 없는 정보를 무작정 퍼트린다면, 미디어 환경이 가짜뉴스로 오염되는 것은 시간문제일 따름이지요. 올바른 크리에이터라면 어떠한 소식이나 정보를 전달하고자 할 때 이를 뒷받침할 근거 자료와 출처를 함께 밝혀주어야 한다는 점을 꼭 기억하도록 합시다.

선택이 아니라 필수가된 팩트체크!

3
우리 힘으로 지키는
청정 미디어

여러분이 꼭 깨닫기를 바라는 것이 한 가지 있습니다. 그것은 '미디어의 힘'입니다. 작게는 지인과의 소통을 돕는 통신 수단인 미디어부터 크게는 지역사회와 국가를 넘어 전 세계의 흐름을 좌우하는 힘인 미디어까지, 우리는 미디어 없는 삶을 상상할 수 없는 시대에 살고 있습니다. 문제는 어느 순간부터 미디어를 통해 전달되는 내용이 우리에게 되레 악영향을 끼치고 있다는 점이지요. 이 책을 읽는 모두가 이 점을 기억했으면 합니다. 오염된 미디어의 늪에 빠져 허우적거리지 말고, 주체적인 미디어 이용자로서, 또 건강한 미디어 제작자로서 청정 미디어를 스스로 지키자는 것입니다.

그러기 위해선 미디어 이용자로서 '미디어 리터러시' 능력을 키워 콘텐츠를 비판적으로 바라보고 주체적으로 판단하는 습관을 길러야 합니다. 아울러 미디어 제작자로서는 미디어의 전파력에 대한 이해를 바탕으로 윤리적 책임감을 가져야 합니다.

여러분은 미디어 이용자인가요, 제작자인가요? 사실 그러한 구분이 이제는 의미가 없겠군요. 오늘은 미디어 이용자이지만 내일은 훌륭한 크리에이터가 될 수 있으니까요. 그렇다면 부디 이 책을 읽은 여러분은 수많은 시청자에게 선한 영향력을 발휘하는 올바른 크리에이터가 되기를 희망합니다.

참고문헌

논문

오세욱·정세훈·박아란, 〈가짜 뉴스 현황과 문제점〉, 2017
염정윤·정세훈, 〈가짜뉴스 노출과 전파에 영향을 미치는 요인〉, 2019
권형둔, 〈방송의 공정성에 대한 헌법이론과 법제도 개선방안〉, 2014
조연하, 〈방송보도의 객관성 심의결정 논리연구〉, 2019
이승훈, 〈외식기업의 전통적 미디어와 뉴미디어 커뮤니케이션이 러브
　　마크, 만족, 행동의도에 미치는 영향〉, 2017

교육부 자료

학교 미디어 교육 내실화 지원 계획 (2019. 6.)

인터넷 사이트 주소

https://www.hidoc.co.kr/healthstory/news/C0000482970
http://news.kmib.co.kr/article/view.asp?arcid=0013482084&code
　　=61131111&cp=nv
https://blog.naver.com/tech-plus/221741397068
https://blog.naver.com/520dna/221745748110
https://dadoc.or.kr/2572?category=719542
https://www.moe.go.kr/boardCnts/view.do?boardID=294&board
　　Seq=78118&lev=0&m=02
https://dadoc.or.kr/2564
http://www.mediawatch.kr/news/article.html?no=254042